Manfred Görk

印象中国

一个德国旅行者的观察

德语翻译由
唐卓娅

本书德文原版名为 „*Land der Mitte – Impressionen aus einer anderen Welt*"，2017年由慕尼黑 „novum" 出版社出版

ISBN: 978-3-7481990-9-0

Print and Publishing:
BoD - Books on Demand, Norderstedt

目录

德文版前言

经历了很长一段时间的动摇之后，我终于在2017年下定决心开始写作此书。对我而言，从一开始头脑中徘徊着无数的想法，面对一张白纸从零开始写作，到几个星期后就找到了"合适的"出版社，这实在是一次美妙的经历。如今这本书已经面世了，我多么希望它在读者们心中是值得一读的。在此，我要衷心感谢许多朋友对这本书提出了诸多建设性意见，并启发了我很多灵感。

2017年，于德国海德堡市

中文版前言

许多中国朋友建议我同时出版一本中文版，因为越来越多的中国人有兴趣了解，德国人以及欧洲人对中国怎么看，对中国有哪些印象。于是，在我的德文版书籍出版一年之后，这本中文版就面世了。
在此我要感谢本书译者唐卓娅女士为此中文译本所做的卓越贡献。

2018年，于德国海德堡市和中国北京市

A. 引子

1. 关于本书的诞生

从2008年开始我已经来中国旅行超过15次了。这一切均始于当年我得到的几张北京夏季奥运会入场券。一直以来我都想现场看一次奥运会，一直以来我都想认识中国。现在这个机会摆在我面前，让我可以通过一次旅行完成两个愿望，我不但抓住了这次机会，甚至于在我内心深处产生了一股真正的热情，推动着我去探索这样一个辽阔大国——又或者称之为辽阔的大陆更合适些——的方方面面。迄今为止，我已去过中国20余个省份，从北边的黑龙江到南边的广东，从东边的浙江到西边的云南、四川，每次旅行时间二到四周不等。在旅途中，我看到了中国大地上丰富多彩的生活方式和形态各异的地理面貌，认识了多姿多样的文化，从中体会到全中国的相似之所在，各个地域特色之所在，以及中式生活究竟在哪些方面不同于我们西方人。

而写作此书的想法这些年来也一直萦绕在我的脑海中，但此前我只是做了几个不甚专业的视频挂在YouTube网站上，没想到却获得了大量对中国感兴趣的网友的关注，其中不少人的留言都鼓励了我。

当然我此前读过一些关于中国的书籍，比如传统的旅行指南，这些书中几乎涵盖了所有的信息，从历史、地理、政治体系和风景名胜的介绍，到旅馆和饭店的推荐，甚至还有选定的航班和铁路线路的具体价格。任何一位将来要到中国旅行的外国游客，都有可能从中找到他们感兴趣的内容。此外，我也读了几本著于不同世纪的中国文学，通过这些著作我对这个国家又多了几分了解。当然这些作品并不都能在德国书店找到。有了这些准备后，我终于决定下笔开始我的写作了。

我写作此书的目的，是想告诉读者们有关中国的事实，一些他们原本不甚清楚，甚至是完全不知道的事实。我将以一个非常独特的不同的视角来看待中国，同时我也希望读者们在阅读此书后，能够重新认识中国，这是一个与我们西方世界有着天壤之别的国度，又或者，其实我们之间的差别根本没有那么大呢？一方面，我想出版一本中国指南，告诉人们去中国旅行前该如何规划和准备行程，到达中国后又该如何旅行，本书重点探讨在中国和在中欧有哪些方面不一样；另一方面，我将通过八个事例来讲述中国人的日常生活，希望能借此唤起读者们对中国的好奇。

所有我在此书中向您讲述的内容，都源自于我自己的经历、观察和解读。为了使本书在篇幅上便于阅读，我只给您呈现了我在中国生活的一部分片段，而我也确实无法面面俱到。但是谁又能做到呢？即使是最勤勉的作家也无法完完全全地描绘中国。

关于本书的用词，请允许我作如下解释：当您在书中看到"读者"一词时，它所指的对象当然也包括了"女读者"，当我谈到"服务员"时，这个称呼自然也包括了"女服务员"在内。当我直接与我的读者们对话时，我将采用"您"这个称谓，虽然我在平日里和朋友们相处时常用"你"。当您在书中读到类似于"在中国，所有火车都很守时"这样的句子时，我想说的是，尽管有一些不守时的列车，但是绝大部分列车是准时的。当我说"与这里相比"时，具体所指是"与德国或中欧相比"，因为那儿是我最了解的地方。但通常来说，这种比较也适用于我们一般所谓的西方世界。我相信，这种表达方式会让您的阅读更轻松些，也许有些读者很重视文字作品的"政治正确性"、"用语的性别平等性"或类似的特征，我希望可以得到这部分读者的理解。经过这番解释，我想我可以集中精力向您介绍中国，为您提供些许茶余饭后的谈资了。

2. 关于本书的结构

在本书第一章中我将讲述自己通过观察所了解的情况，包括前往中国和在中国旅行可选择的形式、交通工具、住宿方案、餐饮、购物以及通讯等，您将会在其中读到我个人的一些推荐方案。这一章要给您提供一些建议，帮助您在中国停留一段时间。

接下来，我将通过描绘中国人在八个不同的日常生活领域中的情景，来向您介绍他们奇特的生活形式，至于您是抱着期待惊奇，或是了解学习，还是纯粹娱乐的心态来阅读，惟君所愿。为什么我恰恰选择了8个情景呢？"8"不是一个单纯的数字，它对于中国人而言有着特殊的意义，因此它也是本书后几个章节的引线，在一定程度上它是一个结构框架。在中文里"8"的发音近似于中文"发"，它的寓意跟钱、财富、幸福有关。单单这一点就让这个数字成为了中国人的心头爱，因为钱和财富——请别忘记我们正谈论着一个社会主义国家——对中国人而言必然是美好的象征。

虽然作为旅行者的我们不会太关注中国的政治体制，但是涉及到外国游客的一些方面还是值得我们一探究竟的。因此我也会在本书中单列一个章节进行讨论。

最后，我将中德语言中八组相似的熟语进行对比，借此大胆地探一探中西文化的不同。从中我们也可以收获惊人的认识。

3. "十个最佳" – 本书没有！

许多旅行指南都会用酒店和饭店推荐的名单，航班、铁路路线，以及"十大必看景点"、"十大必做之事"等内容来填充页数。这简直是在浪费读者阅读和作者写作的时间。一是因为对于中国这样一个疾速发展的国家而言，这种排行榜单毕竟是在不断的变化中，二是因为所谓的排行榜很多时候是作者主观的看法，又或者是从其他来源复制过来填充页数的，刻意想让读者比较明显地感受到篇幅的完整性。三是因为所有这些信息在网上都有，我们总是可以通过网络即时查阅。因此在本书中您也许等不到相关的推荐了。您是找不到这些内容的。

我也不会给您推荐任何一个专门的网页。毕竟当您在网页搜索栏输入关键词后，搜索结果最上方跳出的几个标准网页大家都很熟悉，这意味着您不费吹灰之力就能找到这些标准网页，至于未来六个月后或更早的三个月后将出现哪些新网页，而哪些网页又将不复存在，没人知道答案。那么请您好好利用这本书，结合您的知识和需求，在书中寻找对您而言有用的内容。这样您就能从本书中获益了。

4. 维度比较

通过下面这张表格您可以了解到不同维度下的中国，从我们小德国的角度来看中国实在是大的惊人。

图片-1 地图

参数	德国	中国
面积	大约 357,375平方公里	大约9,571,300平方公里
人口（2015）	大约82,170,000	大约1,373,500,000
每平方公里人口密度	大约230人	大约144人
最长河流	莱茵河：852公里	长江：6300公里
最高山	楚格峰：2,962米	珠穆朗玛峰：8,848米
人口数大于五百万的城市数量	0	多于10个
人口数大于一百万的城市数量	4	多于50个
高铁轨道长度	1，000公里	22，000公里
每年高中毕业生数量	370,600（2013）	6,999,060（2015）
人均寿命（2014）	78.6岁/83.2岁	74.3岁/77.4岁
经济增长率，以%为单位（2014 / 2015 / 2016）	1.6 / 1.7 / 1.9	7.3 / 6.9 / 6.7

开场白已经说得足够多了，旅行该开始了。现在就让我们开启本次中国之旅吧！

B. 旅行实践

图片-2 飞往中国途中

假如您计划前往中国是为了把自己去过的国家从22个增加到23个，假如您的这趟旅程是想证实对中国的偏见，假如您不准备亲自体验中国的特别之处（例如饮食，但不限于此），那么您大可省下这趟路费了！让您挑不出毛病的旅行目的地在这个世界上还有很多。但是，假如您真的对这个国家感兴趣，假如您愿意不带任何偏见地收获独属于您自己的中国印象，假如您期待并希望，带着一些能够让生活更缤纷多彩的中国新印象回国，那么就请到中国来吧。您一定会满载而归，很多感受一定是独一无二的。我向您保证！

以下信息特别适合短途旅行者，也就是那些计划在中国待2-4周的游客。

假如您有半年或者更长的时间，那么就一定要为这类探险之旅做些别的准备。

　　如果您预定了直飞北京或上海的航班，那么您在途中会经过西伯利亚和蒙古国的上空。在您下方十公里之处，皑皑雪山和低浅起伏的草原丘陵几乎不间断地交错连绵。那是一片空旷与寂静之地，围绕在清澈蔚蓝的天空和纯净的光线之中。而您几小时后将要降落的地方，拥挤、吵闹、真正的蓝天只有在举办重要的政治性或体育性事件时，在政府强硬的连环措施下才可以见到。不过现在回头已经太晚了。您将要亲历中国的方方面面，这与您刚才在机舱外看到的相比，可是另一番全然不同的景象。

1. 旅行方案

　　每个人都有优先选择的旅行形式。如果您曾经有过很好的经历，您就继续使用这种方式吧。但是请记住，在中国旅行时阅读、理解和交谈对您而言是另一种挑战，这非常不同于在意大利这样的国家。任何对意大利语毫无所知的人都能看出意大利语的"Ristorante"就是德语里的餐馆"Restaurant"一词。但当看到"饭店"这个文字时，您一定不会那么容易理解。因此，当您决定如何完成中国之行时请考虑语言沟通上的挑战。

　　在大都市，也就是北京和上海以及另外几个特大城市，您会发现大量的英语路标。您只要一睁眼，就能看到一些，或者您向路人询问就好。中国人受过良好的教育，很多没有退休的人都学过英语，他们中的大多数人都非常乐于助人，很乐意回答您。任何了解日本人与外国人交流方式的人，在中国不会出现他们所熟悉的"日本式克制"。

a. 跟团游 —— 一切都安排好了

我不想评判这类旅行的一般优点和缺点。在中国，这种旅行方式能保证您真能看到一般意义上的"重要景点"。您有机会听到导游很棒的讲解，他能让您看懂您的所见。因此，您的旅程将很舒适，毫无压力。但更多的优点也没有了，因为行程点一个接着一个，整整一天，整个晚上，整整十四天。这种旅行形式可以是一次很好的初体验，会唤起您以另一种形式再次来到中国的好奇心

图片-3 跟团行

您在进行选择时，请看看行程中空中飞行的频率。前往机场、候机、航行以及从机场到酒店的旅程往往要耗费几个小时的时间。在中国坐飞机并不能真正体验这个国家。飞行在世界各地几乎都是一样的，就连中国航班穿越的空气也是和各地一样的。当然，地面上的空气可和别处不一样。但这是另一回事。

到了晚上，您可以偶尔离开旅行团一会儿，和中国人一起在小吃店、餐馆或街边夜市的食品摊吃点东西，至少品尝一下在酒店餐厅的西式晚餐中吃不到的美食。

b. 个人行 —— 跟着当地导游

鉴于中国的面积之大，开通了直飞中国航班的德国城市还很少。但是，如果您考虑将我们的邻国作为旅行起点，一般来说您就有很多飞往中国的航线选择了。您忘了那些预订机票的常用网站吧。航空公司常常通过官网出售一些非常优惠的航班机票。而且您要知道，在直飞10个小时便可抵达的情况下，换乘两次和总时长18个小时路程意味着什么。您真的想这样做，为了节省130欧元？

图片-4 跟着当地导游

根据您在旅行前做的研究，您一定能制定出一种旅行计划。无论如何，您应该照着自己的计划来做。但是鉴于过程中有很多不了解的事情和语言上的困难，假如能够完成计划上50%-60%的内容，您完全可以满意了。

有许多中国人做导游这个职业。比如想要在实践中证明自己的语言能力的大学生，或是想要以此谋生的专业人士。这也许会是一个有趣的旅行方式，尤其当您想在中国数不清的农村地区旅行时。您需要在互联网上搜索，仔细阅读导游的简历，在旅行前与其联系并说明所有相关细节，也就是旅行路线，观光计划和费用等。费用通常包括每日酬劳、交通费、门票，以及非本地导游的食宿。这种旅行并不便宜，但它有很大的灵活性，您可以获得大量的第一手资料，还可能获得一些也许是独一无二的美妙体验。当然也可能为您省下一些费用。要么您长时间地雇用同一个导游，这样您每日支付的酬劳就稍微低一些，要么在A地雇用一个地陪，在B地雇用另一个地陪。这样一来您就节省了旅行和住宿费用。还有，导游们喜欢简单便宜的酒店或是专门为导游和司机准备的房间。我还建议您在旅行前通过"微信"与导游交谈，没错，我说的是交谈，而不仅仅是发文字信息，这样一来您对导游的语言能力就有了一个直观印象。

如果在旅行中您发现导游的服务与您提出的要求不符，您可以随时终止服务，并只需支付已提供的服务费用，然后只管继续您接下来的行程。如果能立即处理分歧当然更好。在大多数情况下，分歧会被迅速解决掉，您又可以怀揣满满的好奇心在和谐的氛围中继续旅程了。

c. 个人行 —— 短途跟团游

图片-5 短途跟团游

如果您可以在一个城市内合理地独立旅行，那么您确实不需要导游。除非目的地有点偏远，例如北京以北80公里的长城或位于西安东北40公里外的兵马俑。您的确可以搭乘公共交通工具到达那里，但这很耗时。此外，购买门票需要很长的等待时间，并且通常需要大量的时间在当地找路。 如果您想预订这类有趣旅行，那些出现在酒店里或主要购物街上的旅行社是不错的选择。

这样的一日游是怎么组织的呢？首先他们会在酒店准时接您，而其他团友则会在附近其他酒店上车，然后旅行就开始了。大多数时候是5-8人甚至10人的小巴士，有时也会有搭载30人的大巴。但是，这些信息您在预定时都会了解到。要避免大团队出行！在巴士上会有一位说英语的导游来负责，他会提供许多重要而有趣的信息，并乐意回答任何问题。

通常在您到达实际目的地之前大巴还会开去另一个地方。这可能是一座博物馆，一座古墓，一座制造厂或类似的地点。参观完主要目的地后，大巴会在一家餐馆前停下，您和团友们可以享用标准午餐，在返程途中大巴还会再停一次。玉器店和中医诊所是最常去的地方。当然您也可以在那里购物。您可以购买玉器或中药膏和草药，不过价格很可能是虚高的。但这和我们那儿臭名昭著的咖啡旅行没什么两样。您可以放松四处看看，让店家给您讲解一下药物或各种形态的玉石。如果您想要的话可以买些东西。但是没有人会给您压力，逼迫您购物。

在预定的时间，您会被送回到酒店，就这样您度过了有趣的一天。此处的原则也是：如果您行程上的一半计划已经完成，那么这就是美好的一天。

有一点很重要，非常重要。无论您走到哪里，周围还有很多

图片-6 个人行

很多人。所以请记住您所乘坐的巴士的样子，最好是记住车牌和停车场。拍一张照片。记住您的导游长什么样，举着什么样的旗子，是什么形状和颜色。请您一定跟紧他。中国导游总是拿着一根细棒在手里，顶端系着一面小旗子，他们可不懂什么叫"散

步"。导游总是跨着步子着急往前赶路。所以请您不要悠闲散步，否则那面旗子很快就消失在眼前，连同您的导游一起。有时候，一个旅游团队中的所有成员都会拿到一顶颜色相同的帽子。不要觉得它看起来很傻，土气或游客感十足。请您戴上这顶帽子。它有助于把所有团队成员都聚集到一起。当然，没有人会被抛下，但如果8个人要等半个多小时，直到第9位先生终于被找到了，这可不是什么有趣的事情。

对了，请您提前几天预定这样的短途旅行，这样才能确保您拿到一个名额。

d. 个人行 —— 独立规划

这将是一个简短的篇章，因为根据组织能力、语言能力、个人偏好的不同和灵感的随机性，每个人都会计划和完成一个不同的旅程。您在一天中可能"完成"不了太多目标，但却极有可能体验到真正的中国特色。我支持您在中国尝试这种旅行方式，至少第二次中国之旅的时候。值得一试。

2. 从这儿到那儿

在中国和在世界上许多其他国家一样，人们要从一个地方到另一个地方时可以选择各种旅行方式和交通工具，并没有任何限制。带着您的签证，您可以随心所欲地去旅行。特殊情况只存在于西藏等特定省份。您在申请签证时必须事先说明。

因此，在本章中您会了解如何从一个地方去到另一个地方。最重要的是，正如我刚开始所说的那样，我所讲述的，是每种旅行体验与您在前往中国之前的经验有何不同之处。

a. 坐飞机 —— 航空体验

中国有一个巨大的航空公司网络，有非常多的航空公司，有国营的和私人运营的，您可以在网上预订，在网上办理登机手续，所以一切都如常。柜台的航空公司工作人员会说英语，至少有一个人可以说英语。机场的广播一般是中文和英文两种语言。然而，这些通知往往不容易听清楚，这不是语言的问题，而是因为中国的机场总是人满为患，中国人总是在大声说话，其实也可以说，他们在喊叫。另一方面，声响设备常有技术缺陷，但在巴黎，纽约或悉尼也是如此。

从服务和座位距离来看，中国飞机上有两种舱位和欧洲航空公司的舱位差别不大。但如果要说不同之处，那就是座位间距较宽，虽然普通中国人的体型比普通的欧洲人的体型还是小得多。

但是中国的飞行体验与欧洲的飞行体验有什么区别呢？首先是起飞前的安全措施表现方面有所不同。其次是，中国空乘人员在飞机上会向客人鞠躬。当然，飞机上的食物是中式的，如果我说它味道很好，那就是谎言。中国国内航班经常会提供一种粥，他们称之为"稀饭"，里面是大量的水和一些大米，没加入任何调料，绝对是一次原汁原味的味觉体验。

空乘员处理菜单和饮料单的方式也很特别，因为在飞行伊始他们已经完成所有点餐服务，之后他们会立即拿走这些菜单。所以如果您之后突然还想尝试别的东西，特别是饮料之类的，那么您能重新向他们要这些单子。而且，在葡萄酒这件事上，您不能假定乘务员知道酒单上所有的葡萄酒，就算是我们自己对葡萄酒的类别和质量也谈不上太多了解。

在着陆之前不久，乘务员用再次用鞠躬向乘客们道别。在您携带行李箱前往出口之前，您需要出示行李单，机场员工会检查您从行李转盘上拿走的是否是您自己的行李箱。因此，您不应该事先丢掉您的登机牌或行李单据。

另一个区别是行李安检和个人安检的频繁性。办理值机手续后会检查，但其实进入机场时就已经安检过了。有人说因为安全是重中之重，有人说管控才是背后原因。好了，我们不会再进一步讨论这件事，这就是中国人定的规矩。

如果我们还要寻找更多的差异，那就是机场本身。它们是一种视觉享受，通常非常新颖、干净、建筑艺术性高、功能强大、定位方便。但是一些城市不止有一个机场。请您务必去到正确的那一个！此外还有一点小区别：如果一个新的中国机场计划用4年建成，那么即使它是世界上最大的机场，它也将在4年后投入运营。但人们什么时候可以从这个机场乘飞机到柏林，却不是中国的规划者和设计师说了算，这不是中国机场的问题。（而是柏林机场的问题）

如果您在飞行前有时间购物，请不要去一般的免税店，要去就去中国的特色商店，因为这些商店只在中国机场才有。在那里您可以买到上等茶叶，茶碟或美食，比如月饼。我建议您可以买些东西带走。

出境时，您需要出示入境文件的第二部分。但即使您在旅途中丢失了它，也依旧可以在出境窗口重新填写。您可以用一个回形针把它夹在护照里，这样就不会丢了。

b. 坐火车 —— "高铁"之旅

我要事先说明：乘坐火车在中国旅行与乘坐德国火车是两种完全不同的体验。中国的高速列车被称为"高铁"，几乎每天都会出现在地方和国家的新闻报道里，不管是新的路线投入使用，轨道上出现了新列车，或是列车员的制服变得更加好看。中国的高速火车在这片广袤大地上驰骋数千公里，中国人为自己国家的高铁感到自豪。在这里，每年都有大量新城市彼此相连，旅途时间被大大缩减。

我建议您至少乘"高铁"旅行一次，宁愿您为此放弃某一个经典景点。我相信您一定会很喜欢。我们一会儿慢慢来讨论。

买票

首先，您需要一张票。没有票就不能上车，甚至连火车站也进不去。因此，没有什么针对逃票者的罚款说明，因为根本不可能存在逃票者。

中国人在网上或在售票窗口购买火车票。您需要使用本人护照号码在中国国家铁路官方网站上进行在线预订，如果在自动售票机上取票则需要中国的个人身份证，凭护照号码无法打印票证。因此，外国游客必须采取其他方式。

　　有几个应用程序可以在线购买车票，但无法在家打印。所以您可以多付一小笔费用让他们把票寄到酒店。这个操作很容易，但也很无聊。

图片-7 高铁票

或者您可以到车站亲自去取预订的车票。这定会令人更加兴奋，因为您需要找到取票窗口，并向工作人员说明您要取哪些票。最简单的办法就是您向他出示手机上的预订确认单。但还有更好的方式：放弃在线预订，直接去车站。车站的售票处通常设在一个独立建筑里。许多车站在售票入口处设置人身和行李的安全检查，如同我们熟知的在机场办理登机手续时一样。您的准备工作：您得告诉售票员您从哪儿出发到哪儿去，什么席别，哪天出发和出发时间，或者最好告诉他列车号。这样就不会出什么错了，因为列车号加上出发日期就是您可以给出的最明确的信息。如果您不想用预先写在纸上的信息来帮忙，那么请非常准确地说出地名，一定要用正确的声调，因为很多地名读音上非常相似，可能一个错误的声调会把您送到一个您根本不想去的目的地。再次，告诉工作人员列车号也能避免这个问题。在中国，说类似于"6月12日周日从上海到北京"这句话是买不到票的，您稍后要想想，这天要乘哪一趟火车。您必须事先决定好车次，并只能乘坐这趟车。买到的票总是座票，因为没有站票（如果我们不考虑春节或其他国家法定节假日的特殊性）。您无需提出选位要求，因为系统会自动分配座位。如果您不喜欢这个座位号，那么您有两次机会尝试分到更好的座位，之后可就轮到下一位客人了。别忘了带上护照，没有它您什么票也买不到。如此铁道部门可以确切知道谁乘坐了哪一班火车。这件事无论好坏，每个人都有自己的评判标准。您也不必长时间研究乘坐哪个时间的哪些列车最便宜。这里的定价系统比我们那里容易得多。无论您是在清晨，下午还是午夜，平日或是周末乘坐火车，每条路线，每种席别都只有一个价格。这是中国能够有效应对巨大人口的诸多方法之一。

高铁的几种席别在舒适性和价格上有所不同。二等车厢的过道一侧有两个座位，另一侧有三个座位。排和排之间的距离非常大。我认为对于不超过3小时的路程来说，这个级别的车厢非常合适。在高铁的一等车厢里，过道两侧各有2个座位，座椅也更宽些，与前排的距离更大些，此外还提供一份汽水和小吃。对长途旅行者而言一等座是非常舒适的。另外还有一节车厢提供商务座。这比飞机上的商务舱舒适多了，但也比一等座位贵得多。正如我所说，预订车票时您必须选择一个席别。

您进入售票大厅后，首先会感到震惊，因为您会看见许多服务窗口，每个窗口前都有很多人在排队等候。窗口上方有一张巨大的电子显示屏，显示接下来几天内所有车次的余票情况。有一些经验的外国旅客能理解显示屏上的信息，但铁路新手们无需过多关注此板。其实，不是所有窗口都能买到票。 有些仅用于换票，另一些仅用于发放预订车票。那么您要如何找到正确的队伍呢？要么事先观察别人在哪里买票，要么就随便选择一队排着。作为外国人您总会买到一张票，众多售票人员中也总归会有一个能说点英语。如果售票员不知道怎么跟您沟通，他会马上把会说英语的同事叫来帮忙。最后您还要好好看看这张票，印在上面的关键信息使用的也是我们可理解的文字和数字， 包括出发地和到达地，列车号和日期，以及座位所在的车厢号和座位号。您 一定猜到了，购买其他所有列车车票的过程当然也如上所述。

去火车站

车次 Train	终到站 To	开点 Departs	检票口 CheckIn	状态 State
G2355	宁波	12:50	5A	正点
G1348	上海虹桥	12:55	18A	正点
G1965	温州南	12:55	13B	正点
G7511	温州南	12:56	22	正点
G7678	合肥南	12:58	2	正点
D3102	上海虹桥	13:00	17	正点
G7345	苍南	13:00	9A	正点
D3207	厦门北	13:02	24	正点
G1386	上海虹桥	13:07	15A	正点
G57	宁波	13:07	11	正点
G7591	温州南	13:07	21	正点

上海铁路局客户服务中心热线: 12306

图片-8 火车站内部——显示屏

没有人可以轻易地去车站甚至直接去站台。您需要出示车票和护照才能进入车站大楼，因为两者都要在入口进行查验。 此

27

外，您的行李会被扫描并且旅行者自己也要接受安检。所以一切都比我们知道的更有秩序。如果您想在行程前与朋友说再见，那么您必须在进站前告别。站台上互相亲吻告别，或在站台边挥手直到火车慢慢消失在远方，这一幕不会出现在中国。

车站非常干净和优雅，温暖明亮的阳光透过大大的玻璃窗铺洒在擦得锃亮的地板上。有一点很重要，就是在火车站找方向很容易，一旦您了解了某个火车站的结构，在其他火车站就几乎不会遇到什么麻烦，因为每个地方的基本布局都差不多。差异最主要体现在建筑的外观上。从底部到顶部，基本结构如下：地下是停车场，出租车载客区和地铁入口，上一层是旅客抵达区，再上一层是火车站入口和商店，最顶层是出发候车区。

您不会是唯一的旅行者。所以请做好准备，车站会非常非常拥挤，也会很吵。火车站的广播并不容易听清（您还记得机场里的相同的问题吗？）。当您通过安检后，前方会出现一个或多个巨大的显示屏，上面有全部列车的信息。您要在上面查找自己的列车号，以及在哪个候车区和站台等车。您可以清楚地看到这些信息。所以"18，B" 意味着您在18号站台出发，并且应该在"B"等候区等待检票。这些信息都显示在车票上和进站口上方的显示屏上。当然，您可以在车站吃东西或购买任何东西，或只是四处看看消磨时间。 您放心这些火车，至少是"高铁"，会准时发车。但是您不能随自己喜欢就去站台，因为只有在闸机门打开后乘客才能进去，就像在机场一样。

或许规模庞大的火车站大厅在您眼中是一个庞然大物，因为尽管眼前人头攒动，但大厅内剩余空间还是很多。不过一旦您有幸在春节前后买到火车票，您就会发现即使是最大的火车站也被挤得水泄不通。

图片-9 火车站内部 —— 候车厅

终于登车了

请您看看自己手里的票。您可以很清楚地看到在哪个车厢和哪个座位。全新的现代化火车站里总是有两个通道，具体来说是通往站台的下坡通道。两个通道口都有说明，从哪个口下去可以最快到达哪节车厢。　通道口上方的标识如"A 1-9"或"B 10-16"等，其中数字对应的就是车厢号。您可以从标记有您车厢号的入口进站。这会大大缩短您走到车厢的时间。

发车前的短时间内，往往只有10分钟，通向站台的闸机门才会开放。您不需要紧张。尽管等待的人群排队可能长达30米，但每个人都会及时赶上火车，因为中国人完全清楚如何应对人多的场合。在检票口，工作人员再次检查您的车票或者您要经过电子检票，接着您可以走下楼梯或乘自动扶梯或升降电梯。所有这些都是标配。在站台上，列车号码被标记在地面上，您登车的车厢门会准确地出现在相应的数字前。它就停在那个位置，而不是前面3米远处。而且在德国出现频率高得惊人的"车厢顺序改变"事件，在这里不会发生，您不需要担心。顺便说一下，中国人对列车车厢编号相当简单，也就是用1，2，3等依次往后排。德国列车的车厢号到底为什么要标成12，18，252呢？中国的"高铁"比德国的城际特快要长得多。标准配置有16个车厢。轨道位于站台下方的深处，所以乘客登车非常方便且毫无障碍，因为车厢和站台之间没有台阶。

白色流线型列车低吟着优雅地接近站台，停车时也不像德国列车那样会发出刺耳的吱吱声。

现在请您登车并去到您的座位上。座位上方标有座位号，但没有预定座位的标志，因为所有座位都已是规定好的，所以没有必要额外标记。行李可以放在列车车厢头尾或座位上方的行李架上，但是过大的行李箱或背包请不要放在头顶的行李架上，因为高铁服务/工作人员第一次巡视时便会严厉要求您立即取下这些行李并存放到别处去。如果有人已经坐在您的座位上，您就把票摆在他/她眼前，座位马上就能空出来。您现在可以舒舒服服地坐下来，透过刚清洁好的窗户好好欣赏一番窗外。

对了，每节车厢门外也会站着列车服务人员。所以如果您想

图片-10 站台里的高铁

确定自己的车厢号，那么请再次出示您的车票。整个登车过程总是进行地非常快，因为火车的停站时间很少超过3分钟。

高铁"途中

高铁会准时发车，非常准时，而且声音很安静，速度快，非常快。靠近车厢门口处有显示屏滚动播放着一些信息，主要是列车的行驶速度。您所能期待的最低时速是200公里/小时，而300公里/小时并不少见，有的列车时速甚至达到了350公里/小时。

列车启动几分钟后即可达到行驶速度，当您看到并行的高速公路上的车辆是如何被轻松超越时，您就会明白显示屏上是真实速度。

图片-11 高铁——速度展示

如果运气好，您会享受一次非常轻松的旅程，如果不幸，列车上会相当吵闹。好吧，您很可能会不走运。

噪音不是由火车本身产生，而是来自于乘客，他们通电话的声音很大，时间很长，还横跨三排与熟人和陌生人聊天，或许还有小孩的哭闹声妨碍您休息。乘客们还很喜欢在车上看视频，但不戴耳机，导致身旁10米范围内的所有人都能听到电影播放的声音。除此之外还有一种停不下来的声响，就是"微信"新消息的提示音。这就是中国，一个人与人时刻在交流的国度，一个同行者的舒适度极少被顾及的国度。

每个站点到站之前和之后播放的冗长广播也会打扰您。每一个长句子都列出您在乘车时不应该做或不可以做的事情。您很可能听不懂这些广播中的大部分，因为其中只有一小部分被翻译成了英文。那么，您在"高铁"中的言谈举止就应该和在德国乘坐城际特快时保持一致，这样肯定不会违反什么规定。只有摆放行李箱时您要注意一些，应该按照我前面所描述的那样做。

您有没有试过把您的手臂放在德国城际特快的窗台上？这是行不通的，因为这些窗台是倾斜的。为什么会这样呢？这可能是出于设计上或技术上的考虑，我们在自己的国家坐高速列车时因此而少了些便利。在"高铁"列车上，窗台平整而宽阔，您可以将手臂舒适地靠在那里，或者在上面放瓶瓶罐罐，您还可以将硬币直立地放在窗台上做测试。只有当列车因在弯道上行驶而产生一个向内倾斜的角度时硬币才会倒下。您可以尝试一次。20秒，30秒。看看谁的硬币能保持最长时间不倒？

　　您在高铁上可以很轻松地阅读，而不必总是将手指放在正在阅读的那一行上，在德国火车上看书得这样做，因为在不断晃动的列车中只有这样才能找到正确的位置继续阅读，但是中国的"高铁"行驶非常地平稳安静，没有什么晃动，到了轨道交叉口您也感觉不到，即使是速度为300公里的火车迎面而来，也只会产生一阵短暂的气流。除非您的书写太潦草了，否则您可以轻易辨认旅途中写下的文字。

　　如果您想在火车上走一走，您不必像在德国城际快车或城际特快上那样用双手扶着什么来保持平衡。您可以像在德国大街上一样正常行走，不会摔倒。

　　此外您还会享受到全方位的服务。工作人员时不时就会走过您，出售食品和饮料，至少每隔30分钟就会收一次垃圾。每节车厢都有热水，您可以重新冲泡茶叶，或者泡一碗典型的中国方便面汤。您也可以毫无顾忌地使用厕所。厕所的空间很大，并且工作人员每隔较短的一段时间就来清洁一次。

　　此外，在"高铁"中，乘客座位的方向总是和列车行驶方向一致，这是因为一旦列车调换车头，车厢里的人只需踩座椅下方的踏板并将其旋转180度即可。很简单。很少有人检票。

到站和继续旅行

"高铁"进站很安静，也不怎么晃动。不用担心，您会通过英文播报以及显示屏及时地知道您的下一次到站信息。然而，中国列车上播报下一次到站时会插入一个广告，这是另一个有趣的社会主义现象。它可能像下面这样播报："厨房用具品牌 xyz，一路相随，友情提示您，几分钟后列车将抵达厦门北站。"到达站台后，您只需按照"出口"指示牌或跟随其他乘客，就能安全地到达出口。当然，您不会与在火车站等候的人们碰撞，因为乘客出站区总是单独划分出来。在离开火车站之前，您必须再次出示您的火车票，所以请不要把它丢掉。当然，您也可以在没有原始票的情况下出站， 但您需要到服务台去以原价购买一张替换票。毕竟，上面没有额外的罚款。不过工作人员对外国人通常都很照顾，没有门票也可以出来。

就在出口后面，您会找到继续旅行可用的所有交通工具。也就是地铁，公共汽车和出租车。在那里有什么等待着您，您稍后就会知道了。

您在出发前已经注意到"高铁"火车站通常建在远离市中心的位置。如果附近有地铁站，那么就会方便又快捷，但如果您需要搭乘出租车或公共汽车到达中心，可能就要花费相当长的时间了。因此，高速行驶只存在于从一个车站到另一个车站之间。如果您的旅行预算有限，那么不要在火车站搭乘出租车，特别是在夜间，因为那个时段的价格高的吓人。

c. 坐火车 —— 长途卧铺车

现在我们来简单认识一下另一类长途列车，其中大部分的行驶时间都在10到30个小时之间。一旦您在这样的火车上经历了一天一夜，那么当然可以称之为一次怀旧之旅。

购买车票，去火车站， 登车和找座位的过程自然与乘"高铁"没有什么区别，但您一旦进入火车，就会立即看到不同之处。有经验的外国游客一看票就知道不一样了。因为票上不是车厢号和座位号，而是车厢，隔间号和床位号。

图片-12 长途卧铺——硬卧

那些不想坐在一张廉价木制长凳上度过24小时的乘客，可以选择"硬卧"和"软卧"两种席位。"硬卧"车厢里有几个隔间，每个隔间都有6张床，左侧3个，右侧3个。床上已经铺好床垫，但真的很薄很硬。此外，每个隔间都向过道敞开，所以您会听到远近一切声响。如果您在睡梦中受到惊吓坐起，头立刻就会碰到上方的床。 而"软卧"车厢的隔间只有4张床，左边2张，右边2张，床垫非常舒服，还配有枕头和毯子，充足的存储空间够放四个人的行李，一个通向过道的可上锁的门和空调，您至少可以调d节一下隔间的温度。简而言之，在"软卧"车厢中的隔间是交流间，而"硬卧"车厢的交流间则是整个车厢。

所以您的旅程从寻找合适的床开始。您可以再次看看票上的信息。大多数乘坐卧铺列车的人都带着很多行李，所以您必须熟练地穿过一堆行李箱，衣服堆，有时甚至还要经过几只被仔细捆扎好的鸡。我的建议是首先走到某张床边等待，直到所有乘客找到他们的位置后，您就可以轻松地放好自己的行李，在车厢随意走走，看看同车厢都有哪些乘客。您有足够的时间。

列车发车后不久，您所在车厢的列车员将进入各个隔间，她会拿走您的车票并给您某种替代卡。别担心，一切都没有问题。因为这位女士有一个小本子，每两页代表一个隔间，她会把您的票放在正确的地方。她为什么这样做？很简单，这样一来她就知道谁在哪个站下车，什么时候下车。在到站前15分钟叫醒旅客是他们工作的一部分。所以您可以放心地睡觉，不需要设置闹钟。

在"硬卧"车厢中， 夜晚从不会变得非常安静，而在"软卧"车厢中则相反。希望您有幸在车厢里遇到中国人。如果还是白天，您可以试着与他们交谈。您有足够的时间，可以借助字典帮助您和他们交谈几句。通常他们会请您吃点或喝点东西。请您接受它，至少要吃一些。别担心，不管怎么样肯定是可食用的。

夜幕降临时，中国人很快就准备休息了。他们把保温茶杯放在窗户下方的桌子上，也许在旁边还放着吃的东西，许多人换上睡衣或瑜伽服，然后灯就熄灭了。

有些人可能担心熟睡后行李的安全问题。在中国，这些担忧实际上是没有根据的，但如果想万无一失，您只需把贵重物品装在一个小袋里，放在枕头下，之后就可安心地享受中国之夜了。

火车以相比于"高铁"而言较慢的速度，咔哒咔哒地行驶过一个个乡村地区。由于地形条件的影响，火车有时以时速80公里缓慢穿越群山，但如果地形条件允许，它也可以行驶到每小时150公里。在进入最近的车站之前，您可能会时不时地被吱吱的刹车声弄醒。过道上有乘客在低声细语，站台上的声音还要大一些，此时夜晚的魅力，宁静，疲惫和好奇都交织在一起。如果您足够幸运，将会看到轻柔温暖的月光下熠熠发亮的景色，您舒舒服服地躺在毯子下， 眼睛偶尔向外瞥，或许也会瞥向熟睡的旅伴。吵闹的中国竟也可以这样温柔。

如果您肚子饿或口渴却没有食物或饮料， 也不是什么大问题，因为即使在这种列车上，也会有一个列车服务员每间隔很短的时间就从车厢内经过，售卖各种食品。但是您得到过道去买，您从上面的床铺爬下来时，注意别踢到别的乘客。或者也可以在站台上向小商贩买些小吃。

一阵吵闹的声音常常在人们熟睡时突然传来。售票员打开隔间门，把您叫醒，还给您原始车票，并在您耳边喃喃到站时间。现在是时候赶快起床，穿好衣服，收拾行李，快步走向车门。不要忘记向您的同行旅客告别。但是如果他们还在睡觉，那么尽量不要打扰他们，尽管中国随处都有噪音，但他们也很享受安静的睡眠。

车厢前部有一个洗手盆，水流不大但足够拍一些到脸上，甚至足够用来刷牙，然后新的一天就开始了。当黎明逐渐降临，四周很快就会变得吵闹而拥挤。您仍旧在中国。

彩蛋 —— 列车洗手间

旅途持续的时间越长，您需要去卫生间的可能性就越大。您可能读过许多关于中国列车厕所的可怕故事。请您务必忘记它们，因为当您实在憋不住的时候，您就必须得去！但我的描述可以让您安心一些。"高铁"中的厕所至少与德国的"城际特快"一样干净，面积宽敞得多，　　　并且每隔1-2小时就有人来进行彻底清洁。这些是"西式"厕所，就像家里的一样。在慢速和廉价的夜间列车上，并不总设有"西式"厕所，工作人员也不常或根本不做清洁。无论如何，如果您实在憋不住了，就一定能克服抗拒的心理。对了，在您的行李中准备一些卫生纸也不错。如果您聪明的话，就会在家提前练习中国蹲技术。这将大大方便您在中国上厕所。稍后我会详细讨论这种蹲的技术。

d. 马路上 —— 长途巴士之旅

远距离的地点之间通行着无数巴士。基本上没有太多的特别之处。人们在汽车站用护照可以买到车票，最早可以在计划的旅行日前7天购买。然而，找到合适的汽车站可能相当困难，因为每个大些的城市都有好几个车站。在上车前同样会有"机场式安全检查"。大巴站台的出口都编好了号码，有出发时间和目的地的公告，巴士直接就停在出口后面。行李箱不允许带上大巴车，只能放在汽车底部的行李储存室。如果您订票够早，就能预定到右侧第一排的座位，在那个位置可以清晰地看到前方。在座椅上您必须系上安全带，这与德国的规定没有什么两样，安全带不会比德国的狭窄，腿部可活动空间也不会比德国少。司机要求乘客系安全带时声音类似于发布军事命令般大声和权威。 通常情况下，在客车前方的屏幕上会播放一些展现英雄主义和血腥动作场面的电影，或者赞扬国家和党的颂歌。客车行驶每隔2-3个小时就在高速路旁的服务区休息一下。如果您实在憋不住了，可以在那里上厕所。虽然环境无法让人享受，但总是比大巴厕所好些（如果车上有厕所的话）。

在服务区里，至少有一家商店可以买到您路上所需的东西。此外，巴士旁还有各种各样新鲜出炉的食物。您拿一个碗来好好

图片-13 大巴站

地享用吧。如果您关节比较灵活，并且腰部尺寸允许的话，还可以坐在其中一个塑料小板凳上舒服地享受一会儿。

服务区里总是有很多的公交车， 这在中国不会有什么不一样。因此，您要记得15分钟后要上哪辆车。请您一定准时，因为司机还想继续往前开。他通常会在休息后清点乘客人数，如果有

外国人不见了，他会立刻注意到。他会等您，甚至可能会去找您，但当然不会一直这么找。假如您一直没有出现，那么您的座位在接下来的旅程中也依然是空着的。

有些大巴甚至有真正的躺椅，但总的来说，这没有乘火车旅行舒服。这就是为什么我不想再就此多说什么。

巴士旅程结束于车票上注明的巴士站。正如我所说，通常有好几个巴士站，许多并不在市中心。在抵达站几乎没人再查车票。如果您想继续旅行，可以乘坐出租车或城市公交。那么坐地铁呢？这得看这个城市有没有地铁了。

还有一个提示：不要急于跳进眼前的某一辆出租车，因为这可能会花费一笔不必要的高价，出租车司机当然会狠敲一笔那些到站后急于继续下一站的游客。首先，您让自己平静下来，找找方向，然后再继续上路。为此失去的这5分钟会为您节省下一顿美味的晚餐。

e. 水面上 —— 乘船之旅

经由某个航船线路周游中国的机会很少，但长江航行是许多旅行社都提供的一项旅游方案，您也可以自己预订这趟航程。从某种意义上说，这就是把一条交通路线和一次观光旅游合二为一了。标准的路线始于重庆，终于宜昌。您可以在互联网上充分阅读关于沿线景点的信息，并了解航船的结构内设，但是您在网上找不到有关于船上生活的信息。所以让我来告诉您吧。

您将在船上体验的第一件事就是前台，您在前台要办理登船手续，如同在酒店办理入住手续。如果您早早进入您的客舱，其实可以再次回到岸边逛逛，但不要远离码头，您可以在狭窄的通道上闲逛。您会被成堆的纸盒、箱子和包裹绊倒，几十个纤细瘦削的男人在前面来回走动，将大量货物运送到船上，或从那里运到生意点。在这里，您可以了解如何使用水路来进行货物转运。这里的工作人员不会真正注意到游客，因为他们必须流水线一般完成繁重的体力活。因此，当您拍摄照片时不应该妨碍他们工作。

您可以在商店，而不是在船上，买一些零食和一瓶葡萄酒。这样您就可以在客舱的阳台上享受轻松的夜晚。那里有足够的空间容纳两个人。当船在傍晚时分缓缓启动时，您拿着手中的玻璃杯，看着重庆市的灯火璀璨，渡轮缓缓地驶入黑暗之夜。在黑暗中，您仍然不知道第二天早晨您会看到什么。河水里充斥着垃圾，木材，纸张。感谢上帝，没有那种恶臭的垃圾，但漂在河里的那些东西足以迅速摧毁游船的浪漫氛围。

长江航船很现代化，并且整体布置让人感觉舒适，船上提供各种娱乐，但您也有机会遇到意想不到的体验。船有几层甲板，其中包括一个散步甲板、一层有活动室、电影院和独立麻将室。船上可能还会提供一些有趣的活动，但时间久了就没那么有趣了，至少不足以让中国人放弃麻将这个如此受欢迎的游戏。

餐馆里有很多大圆桌，可容纳10至12人。您第一次到餐馆时服务员给分配的餐桌就是您接下来几天的固定位置。食物的味道没有什么特别，但至少能吃饱，而且总会有一些美味的菜肴。通常来说餐馆提供的是自助餐。和世界上其他许多地方一样，这里最好吃的食物很快就空盘了，但很可惜的是其中大部分最后都会留在餐桌上。您不要担心，空盘子会被重新填满，如果情况并非如此，您可以向工作人员说一说，然后菜就来了。如果您和一个团队一起旅行，那么您就和团队坐一张桌子。如果您是单独旅行或两人旅行，那么您可以坐到中国游客中去。这可能很无聊，因为没有人对您感兴趣或您不对任何人感兴趣。您可以从一开始就找人聊天，这样一来这顿饭可能还会带来另一番体验。

每艘船上除了技术船员之外还有一个团队，他们会负责所有最广泛意义上的娱乐事物。一方面包括在船长接待活动上介绍船长和管理人员，安全事项说明，组织趣味竞猜，时尚和歌唱表演等，另一方面是组织前往附近景点的短途旅行。

如果您有兴趣听建议，那么我建议您至少参加一次船上的活动。首先，这些表演在艺术性上并没有那么糟糕，其次，您就会知道船员们竟有这么多特长。有人鼓掌时，他们会十分高兴，因为他们的工作确实非常艰苦。娱乐节目只是他们其中一项任务。白天，他们要在厨房，接待处工作，要当清洁工或承担任何一项职能。换句话说，8小时工作日的概念对他们来说会很陌生。船员组是一支合作的队伍，大部分人会在一起待上半年，他们逆流而上，顺流而下。然后才有几天空闲的时间可以去看望家人。

就短途旅行而言，您应该在航行开始时就研究行程单，并根据要求尽快注册。行程单上包括寺庙，宝塔，花园，长江的支流和其狭窄陡峭的沟壑等等。短途旅行通常在饭后立即开始，即在饭厅。把您在接下来一两个小时内需要的东西都带上，因为您没有时间再回客舱取东西。很重要的一点是，记住您被分配到的组号，更好的做法是记住您组内其他两到三个成员的面孔。旅行很突然就开始了。有人叫"第1组"时，有15人跑到门口，有一个导游等在那里， 当第1组出发的时候第2组已经在他们身边集合了。如果您在第11组， 那么等到第10组被叫时再做准备是不行的，因为这些数字只是为了使一个组的成员聚集在一起。它们并不代表这个团队出发的顺序。什么时候出发取决于哪个队的领队已经到了。

码头上只有您那一艘船的情况是很少的，通常还会有第二或第三艘船停泊在一起。并不是每艘船都有自己的码头栈桥，而是它们并列停泊，所以如果您的船在3号位置，您必须先经过2号和1号船才能到岸上。但是，由于2号和1号船的乘客都要去往相同的目的地，因此这些团队可能很容易被混淆，或者更糟糕，您完全失去了与团队的联系。只有一种方法可以避免这个问题：跟紧您的导游，时刻盯着他的帽子或三角旗。并准备好快步开始游览。

图片-14 船上的卡拉OK

上岸之后会有公交车或者小型电车等着接您去景区入口。这些短途郊游一般时长1-2小时，时间比较少，因此您几乎没有什么时间可以随心所欲地闲逛。也就是说，请您不要远离自己的队伍。

回程的方式和去程完全一致，只是顺序相反而已。其它短途郊游与第一个十分相似。如果您参加的原因仅仅是想了解一下短途郊游的流程，那么一次足矣。如果您不跟着去郊

44

游，您可以待在顶层甲板， 在阴凉处，和外国人待在一起，和中国人待在一起，或者您就在附近逛一逛。

晚饭后请您不要立即回到客舱。您一定要上到大甲板上去看看，不是为了欣赏沿河的风光，而是看一看中国人晚上都喜欢干什么。拍照可以说是永恒的主题，拍朋友、拍陌生人、用自拍杆或不用自拍杆自拍，这些我就不多说了，拍照对于一般中国人而言就如同呼吸一般平常，随时随地都在发生。更有趣的，是各式各样的体育活动，瑜伽、气功，以及相关的动作练习，还有大团体、小团体或单人舞蹈。此外，伴随着此起彼伏的歌声，一阵阵笑声飘入您耳中。这时候请别害羞，您可以跟着他们一起做，体验原汁原味的中式行为，这可比"爱达邮轮"（AIDA）和"迈希夫邮轮"（Mein Schiff）上游客们的表现要真实得多。

不多久您就会觉察，中国人对沿河的风景没什么兴趣。他们的确会看上一两眼，然后就开始拍照了，等回到家后再细细欣赏这些照片，欣赏那些原本能在现场好好看看，却因为拍照而耽误了的景色。接着他们会立刻回到船舱内，玩最喜欢的游戏或是欢乐地去唱卡拉OK。

3. 市内交通

通过上述文字想必您已经了解了，在中国如何从一个省市去到另一个省市，不同的旅行方式会带给您哪些特别的体验。旅行，除了最终目的地之外，还包括了旅途中的氛围。"旅途本身就是目的"无疑是一个既俗套又不贴切的说法，因为最终我们只想抵达目的地。但是，在中国却是适用的，在这里，每一种旅行方式都能带来独属于中国的体验。但假如您是在市内旅行，您最想做的无疑是尽可能快捷而舒适地到达目的地。让我们一起来看看等待您的会是什么。

a. 坐地铁

中国城市内的拥堵是传说一般的存在，也许在这种情况下地铁是大多数人出行时最佳的交通选择——假如这个地方有地铁。好消息是，很多中国城市近年来都开通了地铁，整个地铁网络扩大得很迅速，覆盖的点也很全面。如果您准备搭乘地铁出行，那么您可以购买一张最新的地铁网络图，上面可以查找到最新的几条线路。对了，6个月前出的图已经不算新了。

您得像平常一样找好所有需要的信息，包括进站点、换乘点、出站点和地铁线路。地铁站有一个很好辨认的标志，取自中文里地铁的拼音"Ditie"，也就是第一个字母"D"。某些时候您也会看到"M"这个标志，取自英文Metro（地铁）首字母。

您一进入地下，就要面临人物同检，这会让您大吃一惊吧。您的行李要通过一个机场同款的安检透视机，而乘客也要通过一个机场同款的金属探测门。门后或者替代门的可能是安全检查部门的某位工作人员，他/她用一种类似于金属探测棒的物体或搜身的方式来检查乘客。如果您看到一位女性工作人员在搜查一位男乘客，可别惊讶。中国要服务的民众之多，我们至今根本无法想象。我的意思是，您不要惊叹了，就这么做吧，如果不想引起行李堵塞，就要赶紧把行李从安检带上拿下来。顺便说一下，刚才提到的那种搜身，完全不会引发性骚扰投诉。

　　您可以在售票窗口或者自动售票机上买单程票，但是可充值的地铁卡只能在窗口买。如果您待在一个地方的时间比较长，您还是买一张充值卡吧。如果使用充值卡，您就可以直接进站，每次进站时费用都会自动扣除。在自动售票机上购买单程票时您使用的会是"触摸屏"。整个地铁网络会呈现在屏幕上，每条线路用不同的颜色标记出来。第一步，您按下"English"这个屏幕键，然后选择您要去往的目的地所在的那条地铁线，接着选择目的站。屏幕上会显示相应的价格。如果您需要多张地铁票，您还得输入所需的数量，最后一步是投币，可以使用硬币或纸币。地铁价格非常便宜，通常来说在2-5元之间，只有在大城市乘坐较远距离时才会产生更高的费用。您千万别因为下午或明天还要乘坐地铁而同时多买几张票，因为手里的票到那时已经无效了，只有当您有几位同乘伙伴时才需要一次买多张地铁票。谢天谢地中国的票价计算系统中没有时区，没有蜂巢形、菱形或类似复杂的图形结构，　这些在我们德国被当作价格计算的"公平"因素使用。这儿也不会因为每日不同时段或周末而收取不同价格。
　　地铁线条标示得很清楚，站台上很容易找到列车究竟开往哪个方向。当然，您可以立即寻找您的目的站，但如果您记住这条线路的终点，则更容易些。　这样您可以最快速度确认从左侧或右侧登车。您可以上车后再查看在哪站下车。顺便提一下，地铁时刻表和报站广播都有英文版。这使得乘坐地铁相当容易。如果您不确定在哪里上车，那么就让这趟地铁先开走吧，您先找好自己要去的方向。没过几分钟下一班地铁就会来。

中国的地铁挤满了人，特别是在高峰时段，但是去过东京的人都会说北京地铁里还有足够的空间。想要在北京地铁里找到一个座位并不容易，因为首先座位没有那么多，其次是当地人动作通常更快。作为一个欧洲人，您可以利用身高优势扫视整个车厢或整趟列车，然后您会看到中国人的生活是非常多样性，透过服饰就能看出来，因为这个列车里有成百上千的乘客，竟没有人穿同一款衣服。但是您也会看到中国人生活的同一性，因为每个人手里都拿着智能手机做自己的事情。

在您离开车站之前，您可以看看周边环境图，您应该选择哪个出口最佳。 别担心， 您不必记住任何街道名称，因为出口用A，B等标记的很清楚。

在出口处，您需要再次使用地铁票。将一次性车票插入出站检票口的卡槽中， 而充值卡要放在指定区域停留一下，然后拿走。如果您丢了地铁票或者票上没有足够的余额时，请到出口旁边的柜台去。在那里您可以支付未结数额。工作人员会询问您在哪里进站。您要回答什么完全取决于自己，因为没有任何证据支持。然而您也没有任何撒谎的必要。

高峰时段坐地铁是很特别的体验。人们像子弹一样从四面八方冲向各个方向的走廊，您被裹挟其中，就像迎着波涛的岩石，是成千上万支箭的靶子，但如果您在人流中跟着走动，就不会被击中。在这段熙来攘往的时间里，这些地铁站里的通道被改成单行道，这极大减轻了移动的难度，但其实仍然不是很容易。

b. 乘出租车

除了地铁之外，您会经常乘坐出租车。通常等到一辆不会花什么时间，只有在晚上高峰时段可能需要稍等一会，但只是几分钟。中国人现在只通过智能手机叫出租车，然而对于短途旅行者来说，传统的招手叫车是最实用的方法。不过，我还是想简要解释一下这个手机应用。打车的人在应用中输入目的地，就这些。通过一个集成的GPS功能，该应用程序辨识出打车者的位置。现在，根据复杂算法确定的某个半径内的所有出租车司机都被通知附近有乘车需求，乘客的位置被显示给他，还有推荐路线也出现在他的智能手机显示屏上。想接单的出租车司机只需按下应用中的特定按钮即可。一旦接单成功，所有其他出租车司机应用上的接单请求会即刻消失，同时乘客被通知是哪辆出租车，也就是什么车牌号，几点在哪里接他，以及费用大约是多少。与此同时，

图片-15 笼子里的出租车司机

客户可以看到接单的出租车目前所在位置，要走哪条路以及何时到达。就是这么简单。

但是回到招手的方法来。如果您告诉他们目的地，许多出租车司机会听不明白，特别是在中国南部，他们根本不知道您在说什么。 因此，更好的办法是用中文写下目的地，拿在手里。当然，您也可以使用城市地图或中文的酒店订单或名片。

中国出租车并不舒适，而且往往不太干净。通常情况下，司机会受到一种类似保护格栅的保护，也可以说是笼子，是用来防乘客，或者说的好听一些是为了和乘客隔开。但您是可以看到司机的，还有打表器和各种智能手机，至少有三个，分别用来规划路程，私人通话，或者网上购物。这些事情贯穿在整个行程中。尽管如此，您也不用担心，大多数司机开车还是很安全的。如果您遇到一只"蚂蚱"车，不断地一窜一跳前进，那么您务必要让司机明白他应该开慢一点。必要时您就说要就近下车，这足以让司机明白您的不满和要求。还有，至少在我的经验中，往往是女司机开得过快，速度不合理。

出租车是一如既往的便宜，计程表是开着的并且运转正常。起始价格每个城市不太一样，一般是11至13元人民币之间，3公里以内都是这个价格。此后每增加一公里费用约2元。不太令人满意的是后备箱的空间，2个小手提箱可以放的进去，但没有更多空间了。所以如果您一行四人带着行李，那么您们至少需要两辆出租车。如果您自己带着一个大手提箱，那就得把它放在后座上。

您可以用现金或在智能手机的应用软件付费。同样地在这件事上，作为偶尔来旅行的游客，您可能没装有这些在中国非常流行的应用程序。 所以，您钱包里得随时备有一些5元和10元的人民币。

如果您想预订更远距离的出租车，例如从市区酒店前往机场，那么得事先与司机谈好价格。酒店员工会帮助您了解价格。通常来说人们可以通过出租车的价格或者价格构成较好地判断出，一个外国，不管它遵循哪种政治体系，已经有多接近纯粹的资本主义了。在中国，出租生意尚未发展成德国甚至南欧一样，但它正在慢慢接近。从市中心到机场的行程就是一个确切的证明。车还开在路上的时候，您和司机之前谈好的价格经常早被遗忘干净。另一个很好的例子是在高峰时间或去到较偏远地方时打车。如果您通过手机软件约车，很快得到这样的答复： "只有当您多付10％的车费时我才接单。"而您没有太多的时间去考虑报价，因为这些司机都知道， 没有其他人愿意以正常价格载您。这样一来，至少您在抵达目的地后不会惊讶为何价格比平时高出许多。

　　有时候您看到很多出租车都是空的，但还是从您身旁驶过就是不停车。 原因不在于您，而是因为司机正在换班，他要把车开到下一位司机那儿去。

c. 乘坐市内公交车

　　中国城市公共汽车网络非常密集，您几乎可以乘公交到达所有地区的每个角落，但前提是您至少得具备阅读中国公交时刻表的基本知识，因为公交站牌上只使用中国汉字。所以您需要一些时间准备，一方面要找到路线和相应的公交车号，另一方面要找出上下站的地点。但如果您不着急赶路，可以试一试乘坐公交。如果您无所畏惧，那就注意听吧，下一站站名每次都会在车内广播，或者如果您知道要在第七站下车，那您就数数公交车一路上停了几次了。

中国公交车可没有固定的发车时间，只有时间间隔，也就是每10或15分钟或类似的时间来一趟。这个时间间隔是否可靠要视当时的交通情况而定。在大城市里，公交站旁常设有电子屏幕，您可以从上面看到下一趟公交离您有多远，它什么时候会到达。

图片-16 图片标题：公交时刻表

但我们先上车吧。如果您排在队伍很靠前的位置，请不要太期待能抢到座位，因为随着公交车到站，这条队伍会突然变成乱糟糟挤在一块儿的人堆。现在是时候使用您身为中欧人的身材和力量优势了。您要知道巴士司机是不收钱的，您要把钱投进上车时前车门那个小盒子里。乘公交一趟花费1或2元人民币，有时甚至不花钱。官方给出的解释是，例如一辆有空调的公共汽车比没有空调的要贵一倍。有时候这是真的，但往往也不是真的。不管怎么样，箱子上写需要多少钱您就投多少吧。而且大多数时候您需要备有足够的硬币或1元纸币，因为司机也不会给您找钱。如果您手里只有5元人民币，那么即使乘车只需1元，您也得把钱投

图片-17 公交车一景

入钱箱里。但是您也可以在盒子前停留一会儿，等着跟下一位乘客换钱。这里支付的费用是一趟车程的钱，从上车到下车，所以无论您坐车5分钟还是50分钟，价格都是一样的。如果您要换乘，那么在下一辆公交上得再付一次钱。

公交车里总是很吵。噪音的来源之一是乘客自己，他们要么大声地用手机通话，要么隔着5排座位不停地聊天。来源之二是车内不断放着广播或音乐节目，第三个来源是不间断的播报，不仅播报下一站站名，而且还有那些有用或没用的提醒，例如下车请注意或看好行李等等。通常情况下，您会一起体验所有这三种折磨。然而，尽管噪音很大，中国人依然可以在这样的公交车上安静地睡觉。这对旅游者来说几乎是不可能的，也没有任何意义，因为这样的公车旅行会让您体验到更多有趣的中国"生活方式"。

如果您跟前有大学生或中学生，有时很难猜出他们属于哪个群体，因为估算年龄真的不容易，他们也许会有些害羞地跟您搭讪，或者私下窃窃谈论着我们这些外国人，这从他们的手势或目光中很容易看出来。您可以借此机会跟他们聊一聊。通常用英语没有什么问题。假如您会说一点儿中文，他们肯定会赞许不断。

在行车距离较远的情况下，可能会发生公共汽车得加油的情况。在加油过程中，公车上不能有人，所以您会和其他乘客一起去到收款区，大家必须在那里等待。就在那个地方，而不是在加油泵旁边。还可能出现的情况是，路上经过某个公交总站时司机会停车离开一会。这时候您静静坐在位置上就行。司机完成公交外的事情后会回到车上，然后行程继续。

您在某个时候就要下车了。下车前请按下其中一个停车专用按钮，否则司机会直接驶过公交车站，因为只有当有乘客上车或下车时公交车才会在站点停车。

d. 共享自行车 （共享单车）

　　共享自行车，也就是人们常说的"共享单车"，它遍布中国每个角落，深受群众喜爱。对于游客而言，这仍然是一种带有异国色彩的交通工具。共享自行车通常停放在专门的租赁站，您得先购买芯片卡才能解锁。租赁站员工通常不会帮您手动处理借车流程，至少在城市里是这样。您必须将自行车还到租赁处，但不一定是借车的地方。

　　新技术的发展很快就让这些租赁站处在淘汰边缘。短短一年多时间，可以扫描二维码并装有GPS定位系统的"智能共享自行车"蓬勃发展起来。共享自行车的租借过程更加灵活，因为这些自行车可以停在任何地方，人们不再需要一个固定的租借处。共享自行车的租借功能非常简单，但设计得十分巧妙。您必须安装租车公司的应用程序，用您的电话号码和身份证或护照号码注册，并存入300元的押金，这当然得用相应的手机支付程序。接下来您可以存入任意金额用于使用共享自行车。一旦您想使用共享自行车，但在附近找不到时，租车的应用程序会告诉您，离您最近的自行车停在哪里，并为您导航去那儿。找到之后扫描车身上的二维码，机械锁自动开启，这样您就可以开始骑行了。您甚至可以提前2小时预订某辆共享自行车。如果您不再需要用车，只需将其停放好，锁上自行车，然后在应用程序界面按下"结束行程"按钮即可。租车费用会从程序里自动扣除。您在手机上会看到这次骑行的时长，里程，卡路里消耗，以及非常详细的路线图。奖励积分也会在每一次操作正确的行程结束之后记入您的账户中。共享单车的定价更偏向于象征性质。总的来说每小时内1元人民币。在最开始的时候，共享单车市场份额争夺很激烈，因此也存在竞争价格或固定价格，即全天骑行只需1元人民币。

图片-18 可租用的智能共享自行车

中国人做到了我们期待的一切，他们把别的一些功能都放到程序里了。所以您可以用照片和文字报告自行车上的损坏情况，用户们也可以上报哪些自行车停放不对。上报的用户通过这些行为可以得到更多的奖励积分。违反规定的用户将会被扣分，扣分可能导致帐户被冻结。进入市场第一年，中国的智能共享自行车就已经突破100万辆，越来越多的城市正在融入共享自行车网络。这些自行车没有装变速器，所以长时间骑行让人觉得不舒服，但用在市内交通上已经足够好了，我们可以安心地预测，共享自行车将成为一项新的大型商业领域 － 这是物联网的又一案例，在中国已经实现了。除了支付问题之外，还有一个原因解释了为什么很少有外国游客使用共享单车。这是老生常谈了，也就是因为车轮非常小，或者车鞍对欧洲人的大长腿而言太低了。所以，在您租用这样的自行车之前，有必要检查车鞍是否可以调节高度。

此外，智能共享自行车的市场领军者早已将手机支付软件和自家软件一体化，我将在后面讨论这个事情。

在乡镇， 自行车一直非常适合用来探索主要道路以外的区域。如果您在哪儿都看不到可租借的自行车，不妨多问问。附近肯定有一家商店可以帮您找到一辆自行车。在这里您依然要用现金支付，而您的护照将被作为押金暂扣。千万不要忘记询问店家最迟应该几点回来， 否则您可能得留着这辆好看的自行车过夜了，并且第二天早上才能取回押金。

实际上，我们现在应该好好讲一讲道路交通，但这会是一个很长的附加章节。 所以我只是简单地写下最重要的东西。骑自行车的人相比于行人是强者，但中国骑自行车的人不值得学习，您仍然要顾及行人。但骑自行车的人相比于开汽车，摩托车和轻型摩托的人是弱者。您绝对不能忘记这一点。特别是最后一类，需要特别小心，中国的轻型摩托几乎都是电力驱动，它们会很突然地出现，因为您事先听不到发动机的响声。幸运的是，中国的马路常有很宽的自行车道，您也应该在这条道上骑行，但您仍然会在此遇上电动摩托，有时候也有想要避免交通堵塞的汽车司机开到这来。所以您的一只眼睛必须时刻注意交通，另一只眼睛可以自在漫游。

e.　人力车和电动迷你车

人力车是一辆由人力驱动的三轮自行车，车夫身后有一个可坐两人的长凳。通常您能在景点附近找到这些车辆。一种服务是去到您指定的目的地，另一种则是一次观光旅游，您会经过一条比较有趣的路线走大概一圈后返回起点。给车夫说明要走自行车道，这样至少比过度拥挤的汽车道要安全一些。我们需要小心的是，人力三轮车的客户经常是旅游团，他们时间有限，也不清楚当地价格水平，这也就意味着，人力车夫往往索要过高的价格，而最后也能拿到手。

图片-19 载人的电动三轮车

与此有些不同的是那些小铁皮车，我称之为"电动迷你车"。他们经常停在公共汽车站旁或在某段特定的路上往来行驶。这些车辆可以容纳两个普通身材的客人以及他们的小件行李，或是四个不带行李的身材娇小的客人。大多数情况下这些迷你车都有顶棚，但没有门。所以您在乘坐时要小心，不要掉出来。司机几乎不在意交通规则，哪里最好走就走哪里。幸运的是这些车速度都不快，却能迅速地抵达目的地。

图片-20 运货的电动迷你车

这种交通工具的一大优点是它可以轻松带您穿过旧城区的狭窄街道，那是出租车甚至公交车都没有办法驶入的地方。我只能是建议您乘坐这些迷你车。它们很实用，很有趣，如果您可以熟练而自信地砍价，那么司机提的价格是可能被压低的，适度地压低。请您好好感受行驶途中吹来的一阵阵清新的风吧，享受这段在西方世界无法实现的车程。

外观稍微有些不同的迷你车被用来运输量非常大，重量却比较轻的货物。尽管如此仍需要驾驶者保持最高度注意力。

f. 步行

从一个景点步行至另一个景点并不一定值得推荐，但如果您想好好欣赏一下路上的风景或趣事，这倒是最好的方式。脚步向前移动着，常常又退回去，扭头从左看到右，因为每个建筑物里总能发现一些新鲜事物。一段长长的街道足够走一个上午了。时不时的您也应该看看脚下，因为总有碎石头之类的绊脚，遗憾的是即使在新建的步行道上也会有。

我不建议下雨天长途跋涉，因为下大暴雨时排水并不是很好，路上的水很快就会达到几厘米高。把湿鞋弄干花的时间比晾干衣服明显长得多。

4. 住宿

　　如果您不是刚好有中国朋友可以借宿，那么晚上休息或者白天小憩就要在酒店了。尽可能提早订酒店很可能会让您更有安全感，我也会这么推荐，至少在抵达后的头几个晚上。但这不是必要的，因为在各个地方都有各式各样可供选择的酒店。然而可惜的是，很多外国人看不懂中文，所以很多酒店他们不一定在第一眼或第二眼就能看出来是酒店。

　　中国酒店可以通过任何全球或当地互联网预订引擎来预订。您根据自己的标准找到喜欢的酒店。但是您应该了解，也有酒店不允许接待外国人。　无论出于何种原因，即使您提供预订确认单，酒店也不会向您提供客房。如果搜索引擎为您筛选出这样一家酒店，而您确实非常喜欢它，您也不得不再找一家。别担心，这些不让外国人住的酒店肯定是少数。

　　此外您还要注意看是否所有的税费和服务费都包含在价格中，否则您在退房时将要支付比您认为的大约多15％的费用。

a. 西式酒店

　　希尔顿酒店，万豪酒店和所有其他有名的国际连锁酒店都遍布中国。它们在许多方面与您从西方国家了解到的此类连锁酒店类似，但也有一些有趣的不同之处，能够让您的旅行更加愉快。

图片-21 防火套装

首先，必须提及房间本身。例如，如果您以法国房间为例作为对比，中国的酒店房间要更大，有的大得多。特别是浴室，大多数的确如房间那么大，但更重要的是配齐了男人/女人常常装在行李箱中的一切。牙刷，牙膏，剃须套件，梳子，发刷等，一切都有。当然东西不是最好的质量，但这些东西每天都换新的，足以满足假期里的日常清洁。 毕竟中国男人不用止汗剂和须后水，所以男性游客其实不必携带任何"洗浴"类物品，除非他是西方游客，就算在中国也要用这两个小工具。而女性旅行者只需要收拾她们的个人化妆品。 这样一来您已经节省了一公斤的箱子重量。只需额外多花一些钱您也可以使用已备好的"优质套装"，这些质量要好得多，里面包含所有高质量品牌的用具。此外，酒店每天提供拖鞋，您甚至可以穿着去游泳池，还有雨伞、茶、咖啡和两瓶矿泉水，这些都包含在价格中，有时候则提供每日新鲜水果。

您看到柜子里那两个较大的长方形红色盒子时可能会有些吃惊。这些是防毒面罩，在发生火灾时非常有用。

还有，您不需要带任何插头适配器来中国。因为中国插座的设计具有一定的全球兼容性，能够匹配各种插头。

早餐的基本结构与西方酒店相似，只是香肠的种类要少得多，而且奶酪通常只有一种或没有。当然有"中国角"。您请试试吧！面条汤，饺子，豆浆都不仅仅为了中国游客而准备。

早餐有时限，但结束前10分钟服务员会亲自告诉每位客人。因此，您有足够的时间再去取点吃的。

办理入住手续如您所熟悉的那样，但仅需要护照。酒店每次都要复印您的护照签证页，并且收取比较高的押金。最少相当于所有预订天数的总价，有时甚至更多。您可以用现金或信用卡支付，都可以。押金凭证在退房时就失效了，现金也退还给您。令人满意的是，您上午就能办理登记入住了，而不是像西方那样，通常只有在下午2点或4点才可以。尤其是当航班提前到达时，这种规定真的让客人觉得非常方便。

此外还有没有其他的差别呢？的确是有一些。首先，大酒店通常是举办大型活动的场所，例如公司活动，研讨会，特别是婚礼。另一个区别是，您不会找到第4层，因为数字4在中国的含义非常不吉利，比我们著名的13更不吉利。我在这儿经常看不到4号房间。一家酒店曾将此做法推向极致，它甚至没有号码为14，24，34的房间和楼层。那个房子只有36层，所以我还不知道第39层往上是否会跳过所有带4的数字而直接到第50层。对了，在游泳池里外，女性和男性都必须戴泳帽。如果您没带自己的泳帽，可以在现场买一个。

b. 传统中式旅店

中国式旅店与西方连锁酒店在许多方面有所不同。首先是地理位置，它们通常位于老城区中，即使在今天，那里的生活充满生机。房屋也较小，通常只有两层，常附带精心设计的庭院或小型的中式园林。房间有时很大，有时很小，材料以木头或包裹在木质结构中的混凝土为主。

室内布置完全不同。 所有的家具都有一丝博物馆展品的感觉，包括床，桌子，椅子和凳子。房间里经常没有衣柜，取而代之的是安装在某些位置的挂钩。这对于西方旅行者来说很奇怪，但对于中国人来说很正常，毕竟他们没有很多行李，行李箱也很少打开。浴室通常没有门，而只是用窗帘布与卧室隔开。至于牙刷，梳子等标配则与西式酒店没有区别。这些中式旅馆并不一定提供早餐，但如果有，也会是典型的中式早餐，早餐供应在一个拥挤的小房间里，客人们一个紧挨着另一个坐着，新的一天就这样开始了。

图片-22 传统旅店

"中国传统风格"这个词实际上是误导性的，因为传统的酒店在地区之间是不同的，　特别是在家具的设计，颜色和形状方面，而不是基本的建筑方面。　虽然这些房子处于城市生活的中心，但身处其中却非常安静，您不会去想距离二十米开外的胡同里是些什么噪音。大多数旅店使用挂锁锁门，芯片卡门锁在这里也不符合建筑风格。　在大堂（这又有一个不适合这种旅店的名词）里，您可以舒适地坐着，翻阅一些旧书，购买小纪念品或品尝茶，看看大街上的喧嚣。

　　如果您还没有在这样的旅店住过一次以上，那您真不该就这样离开中国。价格方面，这些旅店绝不是廉价品，我认为它们有理由与西方标准酒店位于同一价格水平。

　　最后还有一类中式风格的旅店。这些旅店都非常简单实用，在建筑设计和内部配置上都没有亮眼之处。虽然店内和房间又小又暗，但很干净而且非常便宜。旅客们可以在里面休息，但是如果您不仅仅想从午夜到早餐期间住店，那么最好不要把这类旅店列入选择清单。但是在一种情况下我倒是愿意推荐，即您的航班如果是午夜起飞，那么可以在机场附近选择一家这种类型的旅店短暂停留。与其整个下午和晚上带着行李等在某个地方，或者甚至把行李拖来拖去，还不如预订一间25欧元的房间，休息好，洗完澡，晚上9点退房去机场。许多人都在这么做，所以即使您已经预订了一晚的住宿，但晚上却退房离开的时候，前台一点儿也不会惊讶。许多这种小旅店还提供免费机场班车服务。

5. 吃吃喝喝

我会把这一章篇幅缩短，因为如果篇幅允许，我也能洋洋洒洒写出500页。我找不到一条折中的道路，所以宁愿重点关注饮食带来身心上的享受。与我们德国的不同在哪里？我想提一些关键的事实，但不会去讨论食物本身的差异。无论如何已经有很多关于中国饮食的书籍了，但很多都称不上原创，因为它们只是复述了特意选定的某些餐馆菜单里的细节。其实菜品一直在不断变化，这么做有何意义？

在中国没有人只给自己点菜。要点就点一大桌菜，这是为所有人点的。 您可以慢慢选择菜品，因为菜单上的食物品种很丰富。您可能会点太多，因为每道菜的分量都不小。吸取了这种经验之后您下次会想着少点一些，但也很有可能控制不住自己多点菜。

在这里，人们不会明确地区分哪些是前菜、主菜和甜点。给客人上菜依照一定的顺序，但其中的规则我们无法理解，但这不重要，只要上来一道菜，您趁热吃就好。然而在高档餐馆，中国人还是尽力遵循符合中国传统健康饮食习惯的上菜顺序。就餐先从冷盘开始，其次是热腾腾的主菜，然后才是汤或粥，接着是面食糕点，最后是甜点，以水果结束。

如果您是一位先生，跟女性朋友就餐时想要喝冷啤酒，那么务必向服务员要两个杯子，否则他只会拿来一个杯子，这显然只考虑到了男性。如果服务员问您是否要开瓶，您只要回答是即可，虽然这个问题让您感到很奇怪，但也许会有一些中国人是想饭后带瓶啤酒回家喝。如果服务员告诉您啤酒泡沫也可以喝，您就对他报以一个友善的微笑，因为这表明该餐馆服务员在喝啤酒这件事情上已经具有高水平的专业知识。

图片-23 丰盛的一桌

如果您根本不会用筷子，您可以向服务员要西餐餐具，这些东西在餐馆有，但小吃店里却没有。

最后一件事是，您要知道餐桌上只会有一个人付钱，不管他们稍后是否在大街上再分摊费用，这是另一回事，但无论如何，结账付钱的只有一人。集体就餐时，这件事情总会导致一场吵吵闹闹的假意争吵，因为在场的每个男士都想买单。在一些高档餐馆，但大多数情况下是在小吃店里吃饭，客人需要提前付款。我还要说就餐环境非常嘈杂这件事吗？我想可能不需要了。而且您肯定也已经猜到了，中国餐馆的服务员数量远远高于我们德国餐馆。

中国人非常看重规律饮食，一日三餐是必须的，除了早餐和晚餐之外还要有一顿热腾腾的午餐。因此，许多饭馆在午餐时间都是客满。而餐馆的数量也很多。如果您不是刚好在寻找一些非常特别的食物，那么不出5分钟您定能找到美食。"中国=食物"虽不是一个数学公式，但它是这个国家一个非常抢眼的标签。当德国人说他们不想吃热腾腾的午餐时，中国人完全无法理解。

我们德国人寻找着一切机会，坐在户外，感受着阳光和炎热，有时也是阳光和寒冷。在中国极少见到类似的场合。中国人不喜欢待在户外，特别不喜欢在阳光下。这不仅仅影响到他们的饮食。所以，保留着您对街头咖啡馆或啤酒花园的念想，等回到德国再说吧。

当您进入餐馆时，您会听到一声声友好的"欢迎光临，欢迎"。如果所有的服务生都一起大声地向您问候，请不要惊慌。您就餐完准备离开时，服务员会说"您慢走"。这些问候方式也在许多其他营业场所采用。

a. 高档餐厅

"餐厅"一词我只用于指代所有不属于以下类别的就餐场所。首先，您会发现不同中国菜系衍生出的各类菜品，它们的口味，配方和类型都大不相同，本身已自成一格。此外当然也随处可见邻国的美食，即日本，韩国，东南亚风味。比萨饼店纷纷出现，而德国美食也越来越常见，更准确地说，是巴伐利亚的美食。

当您走进餐厅时，服务员都会问您有多少人就餐。相应地他们会为您挑选一张餐桌，领您过去。您也可以自己挑选一张餐桌。当然您可以拒绝服务员的建议，并说出自己的想法。如果您想坐的那张桌子没有被别人预订，服务员会把您领过去。一旦您就坐，服务员立刻把菜单递到您手里，他耐心地站在您的桌子旁，手里拿着一张便条和一支铅笔。您不要对此感到困扰，这是他们的习

图片-24 实物菜单

惯，并不意味着催促您点菜。向服务员询问某些菜的特色也许会对您点菜有所帮助。一旦您点好了，服务员会依次重复每一道菜，以防记错或点错。在高档餐厅就餐，您可能很幸运能够看到带英文的菜单，或者您可以看着菜单上的图片挑选美食，或者只点鸡肉或牛肉，用上所有最易辨认的词汇。不过，您应该做好有惊喜的准备，即便您向服务员确认过了在菜单中看到的是鸡肉，但在中国，鸡肉这个词在字面上包含了一只鸡所能提供的所有食用部分，这远远超过了德国的厨师对鸡肉的认知。中国的餐桌上总是摆放有水或茶，许多中国人不再点别的饮料。饭店会经常给客人提供一条湿巾，而不是餐巾。他们把湿巾包装成纸巾的样子摆在桌面上。如果您打开这个包装，店家会象征性地向您收取一些额外费用。

菜单上标明了菜的辣度，您应该认真对待此事。辣表示是真的辣，而很辣则是真实地告诉我们食用后有喷火的危险。

另一个来自我自己的做法。如果我真的不确定我会吃到哪种肉，那我就点一条鱼。 鱼就是一条鱼，从鱼头到鱼尾，展露无疑，您可以自己决定吃哪些部分。请享受您的用餐！

好餐厅通常在建筑设计上令人印象深刻，从不乏味，所以它们不仅是一个让您填饱空腹的地方，还可以为您提供视觉享受视觉，这不单纯指菜品的美观度。

图片-25 餐馆服务团队

每轮工作班次开始之前，老板都会给整个团队打气以迎接即将开始的工作。为此，所有人聚集在一起，整齐地排列在餐馆前某个合适的位置上。老板发出某个口令，整个团队则大声喊叫起来。一个典型的口号是："我们是最好的团队，嘿嘿嘿。"这件事情可能持续15分钟。如果您路上偶遇这种"班会"，不妨停下来看一看。这很有趣，也很奇怪。学生时代的军事训练在现实中得到了延续。

特别在旅游地区，餐馆和餐馆之间的竞争当然非常激烈。所以店家必须以某种方式吸引饥肠辘辘的路人关注自家餐馆。正如我们预料的那样 – 他们的手段往往是制造噪音。有的人在餐馆前喊口号宣传。而且因为旁边的餐馆也这么做，他们就必须相应地提高音量。中国人怎么做？当然是用喇叭了，通常是较老的类型，所以一直啪啪作响，但关键在于，它够响亮。我不需要描述隔壁那家餐馆是怎么回应的，您肯定都猜到了。而对于喇叭的效果非常没有把握的店家，还会让人穿上一件非常夸张的道具服，比如小丑或猴子或龙，总之夸张无上限。关键是色彩足够斑斓。彩色吸引和高声揽客双管齐下，餐馆此时已经坐满了客人，而隔壁家也已满客，就算没有道具服和大喇叭两家的客量也很可观。

中国人喜欢看网上对餐馆的评价，并以此为参考决定去哪家吃饭。我们可以说，针对每件商品和每项服务都会产生大量的评论，因为中国人特别渴望向公众发表自己的看法。

b. 连锁快餐店

对于快餐连锁店我没什么要说的。 非常简单，它们随处可见，卖的有汉堡包和比萨饼，味道与其他地方没差别。此外人们对西方食物知道多少，从"西方食物"一词就是指著名的快餐连锁店这一点来看，您应该能猜到了。西式快餐在中国一直拥有大量的消费群体，而完全吃不惯中国菜的外国人同样也会经常到这里来就餐。

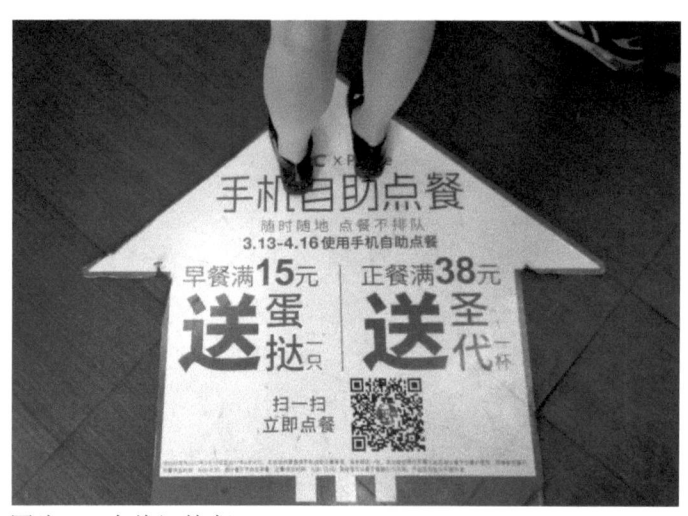

图片-26 在线订快餐

如果有顾客觉得排队点餐的人太多，也可以扫描二维码在线点餐。虽然汉堡不会因此而更快出餐，但顾客会等待得轻松一些。当可以取餐时，顾客的智能手机会收到一条提示信息。

c. 小饭馆和小吃店

小饭馆通常是家庭经营的模式，数量很多，非常值得推荐。可供选择的菜品一目了然，有面条，米饭和蔬菜，以及肉类，煎炒或羹汤。此外每家小饭馆都有一些特色菜品供您选择。这里的食物价低质好。 但敏感的客人就不要太关注吃饭的区域和厨房了，因为在卫生方面我们不应该太过于苛刻。在狭小的饭馆里只有几张桌子，菜单通常贴在墙上，桌子上的很少见到额外的纸质菜单。客人通常在前台点餐和结账，这两件事由这家人的女儿负责。她会大声告诉后边厨房里干活的人您点了什么。厨房里烧菜的是母亲或父亲，有时两者一起做，而奶奶则在后院或后巷里洗菜。

图片-27 厨房一览

这家的儿子负责采购，没有客人在时，一家人其乐融融坐在一张桌子上，吃着自己做的饭菜。您在这里只需花2欧元就能吃饱。这些小饭馆的经营者不少是来自离城市很偏远的农村地区，因为在城里他们能挣上一些钱。

d. 夜市

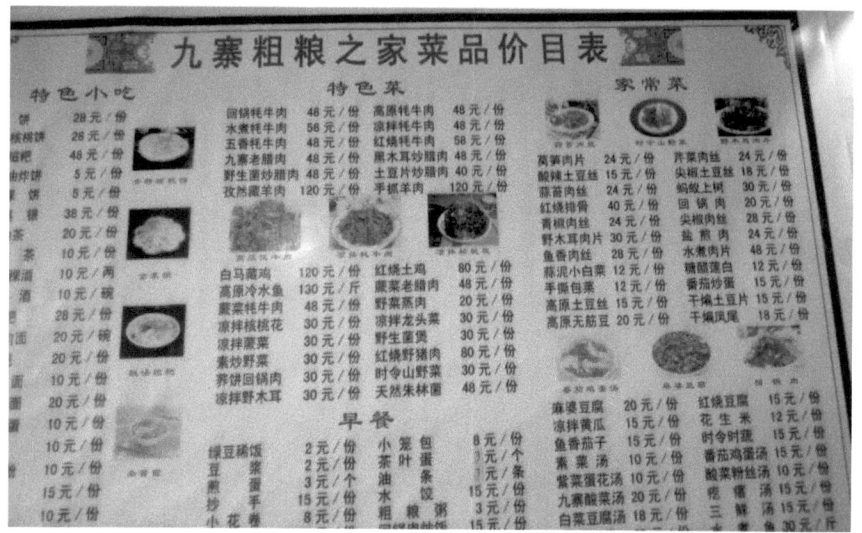

图片-28 小餐馆菜单 1

　　夜市是由某几条街道组成的美食街，固定在夜间，更具体的说是在晚间时段开放。夜市上一个摊位紧挨着另一个摊位，摊位后摆放着一些四角矮凳和小桌子。电动车电池为悬挂在支架上的灯泡供电，还能稍微照亮食物。在大城市，夜市摊位当然有专业的能源供电。 夜市摊主这就可以开摊啦，食物的种类非常多样化，有炸的、蒸的、煮的，热火朝天。摊主们大声叫卖自家的食物，还提供很多试吃。西方游客有时也猜不出来摊主正在做的食物是个什么东西。而当他的鼻子闻到一股奇怪的味道，说明这个东西他不认识的时候，这种怀疑的情绪更加重了。但不管您胆量有多大，还没有在夜市吃过一次就从中国回来，那是万万不行的。

若要舌头也能尝到夜市上美食的多样性，您可以四处转转，试吃每个摊位上的食物。当您用力咬一口海星，或因为意识到刚才啃的辣味烧烤是一种昆虫而奇怪地翻了下眼球时，可能会有人

图片-29　夜市

在您身后偷笑。　如果非常难吃，您就大量喝啤酒来洗洗胃。当然，夜市也有饮料。在游客密集的地方，商家总会抬价，但如果您坚持跟他们讨价还价就可以拿到优惠价。

e. 快递服务

　　将食物送到家或送到酒店房间门口的服务已成为一个大行业。订餐不再通过电话，而是通过智能手机应用程序和互联网完成，应用程序可以管理从订餐到付款和送餐的整个过程。也就是说，您在网上选好想点的食物，甚至汤和饮料也能外送。您选定的餐馆在收到订单后，会立即向您发送消息，告知是否接受订单，而付款也将在同一时间完成。不仅是餐馆，几乎所有的小饭馆都接受外卖业务。　中国随处可见在街道上疾驰而过的"外卖小哥"，他们骑着两轮机车，奔向一个个餐馆，将您和他人的外卖食物打包放在后座的大泡沫箱子里。就连因面条还没做好还得等

图片-30 快递服务

待的5分钟时间里，他都不曾把头盔摘下来。一旦外卖小哥开始送餐，您就可以随时通过GPS追踪了解您的鸡肉面和芒果汁到哪儿了，以及他什么时候到门口。每晚都点外卖当然不好，但遇上恶劣天气时不妨试一试？

f. 咖啡厅

除了少数高级餐馆，一般餐馆都不见得舒适，室内设计也不够雅致，咖啡馆则完全不同。除了那些在我眼中魅力平庸的美国大型咖啡连锁店之外，这儿还有很棒的韩国咖啡连锁店。它们非常有吸引力，给客人提供了舒适的休息区，布置有沙发，扶手椅，适合工作的椅子，桌子上可以放笔记本电脑和书，或仅仅用来放杯子。墙上装饰得很漂亮，挂着几幅油画或做成一个大型书墙。如果您玩累了，可以去咖啡馆坐坐，那里还有几十个真人大小的毛绒动物在一旁陪着您。这样一来，您在品尝卡布奇诺时就没有这么孤单了。

无线网无处不在，当然每个桌子旁还有充电的插座。如果您在这里坐上3小时，读一本书，没人会打扰您，有的学生甚至在

图片-31 咖啡厅点餐处

这里待一整天，比如写作业，与朋友聊天或视频。您可以选择的饮料种类很多，此外有小点心，甜的或咸的。您最好事先学习杯子尺寸的词汇，大杯、中杯、小杯，加冰或不加冰。一旦您点完

了，店员会给您一样东西，您用它来取餐或有人把食物给您端过去。这个东西可能特别普通，比如一个带有数字的牌子或一个圆盘，当它突然开始闪烁时，表明您可以取餐了。有的店家也喜欢用毛绒玩具来辨识客人的位置。点餐时您就会拿到一个动物玩具，您把它带回座位上，等店员端来咖啡时他就知道该给哪位客人了。店里还有其他各种玩具把空间营造得很舒适，如果您独自一人在咖啡馆有些寂寞，就坐到有粉色大熊的那张桌子去吧。咖啡馆也是人们在室外能坐下休息的第一个地点，通常在街边就有，但新城区里的咖啡馆也可能坐落在一个公园里。在那里您也可以只是坐坐不消费，甚至还可以从别的地方带饮料过来。我爱极了这些咖啡馆。

咖啡馆里消费的价格水平和德国一样，这意味着来这儿的中

图片-32 咖啡厅内部

国客人属于中产阶级或是有父母财政支持的大学生。

78

g. 彩蛋 – 关于喝酒

最后我还是想谈谈我对饮料的主观看法。我是否说过中国人吃饭不喝饮料也可以？ 这也是因为他们的菜肴里总是包含一道汤，事实上已经摄入大量液体了。西方游客的习惯完全不同。那么我们开始吧。矿泉水就是一般喝的水，您很少能喝到气泡水。如果您不想喝带酒精的， 那么各种各样的果汁和奶茶都值得推荐。街边的饮料店也很常见，卖的有普通奶茶和珍珠奶茶，以及新鲜水果现榨出来的爽口果汁。

图片-33 坛子里的白酒

但如果您想喝点带"度数"的水，我建议啤酒。我不清楚中国人很会酿啤酒是否与德国殖民者百年前教过他们有关，但我可以说，中国啤酒确实味道不错。而葡萄酒的情况就不同了，一些中国人的意思是"仍然"不同。虽然这儿有很多国产的葡萄酒，也有从澳大利亚和南美洲，包括现在从欧洲进口的葡萄酒，但口感非常差，而且相当的昂贵。如果您一定要在中国品尝一次葡萄酒，我认为不值得花费20欧这么多，10欧足够了，再低的价格反正也没有了，尽管产地可能不一样，但两种价格的葡萄酒口感都一样糟糕。我知道葡萄酒爱好者很难做到3周的时间滴酒不沾，但我还是建议您这样做。

关于酒精我最后还要再说一说白酒。您一定得试一试。它会把您撂倒，因为酒精含量极高，至于口感，我要保持中立地说，与德国的非常不一样。 有的白酒是把蝎子或蛇放入瓶中泡出来的。但别担心，这些动物已经烂醉， 根本不会给您造成任何伤害。尽管如此，除了好奇心， 尝试者还需要勇气才能喝下一小杯。此外， 表示酒水量级时所使用的术语与德国一样，比如一杯，一瓶或一升，然而提到白酒时， 突然出现了一斤这样的字眼。如果您第二天早上头剧痛，那也许是因为您前一天晚上喝了0.25斤白酒。

图片-34 瓶装白酒

如果您某次应私人邀请前去吃饭，那么您的酒精耐力就会受到考验。您的餐盘边上放着一个啤酒杯，一个葡萄酒杯和一个白酒杯。一旦您就坐，酒杯立刻会被满上，是同一时间三个杯子同时满上。然后就要开始敬酒了，您要跟所有人碰杯并说些祝福的话。这就是恶性循环的起点。不喝则无礼，礼貌是一种特别的中国美德。所以您必须喝，可怕的是，每一个空的甚至刚喝空的杯子都会被立刻满上。然后要去给另一个人敬酒。在这种情况下，喝酒的顺序与喝酒的时段一样没什么作用。 如果您被邀请吃午饭，那么这天剩下的时间最好不要安排别的事情，如果是晚餐，那么不要在第二天上午安排事情。顺便提一句，若您是女性，就有机会坐在女性专属的那一桌去。在这桌大家主要喝水，茶和果汁。

让我们再来看看茶。这里有舒适的茶室和茶园，您可以在这里长时间坐着聊天，或只是来看看。您给自己买一份茶叶，可选择的品种很多，您拿一个茶杯或一个玻璃杯，然后找地方坐下。服务员很快来到您面前，给您的茶叶倒入热水，一分钟过后，您就可以像当地人一样细细啜饮享受。您喝完了一杯后，不等您要求，服务员立刻就会给您续上热水，因为茶叶可以反复冲泡。若您喝足了，就将杯子倒扣过来，这样就不会再有人过来续杯。来自科隆杜塞尔多夫地区的读者很容易想到啤酒杯垫与此的相似之处，一旦人们喝够了，就把啤酒垫放在科什啤酒或老啤酒的酒杯上。

碰到茶道表演或旅游区的音乐和舞蹈表演，您就要小心了，这些场合也会提供茶饮。在这里一杯普通的茶可以立刻花掉两位数的欧元。游客同样是一个受欢迎的顾客群。

国老百姓总是随身携带保温杯或带盖的水杯，里面飘浮着茶叶。无论是车厢里， 火车站，餐馆，商场，地铁站，还是图书馆，随处都有热水供应旅客重新冲泡茶叶。

6. 社交网络和交际

来中国旅行后，您每天使用的网站几乎所有都不能用了，您要如何与家人保持联系呢？首先，我们来看看中国有哪些网络禁忌：Facebook，YouTube，Twitter，Google。 如果您离不开它们，您在中国的日子会很艰难，但这里也有好的甚至更好的替代网站。

当然，在您使用这些网站之前，您需要无线网络。"没有Wi-Fi"这件事情在中国不存在。这里的无线网络几乎无处不在。每家酒店，餐馆，小饭馆，咖啡馆， 活动场所都覆盖了无线网络，只有"高铁"还没有。所以您每天可以有数小时跟这个世界联系。

上网当然没问题， 因为除了谷歌，其他所有搜索引擎都可用，而且中文的搜索引擎也很好用。其中之一被称为"百度"。您在中国不要用"谷歌地图"，要用"百度地图"，它的质量比"谷歌"的产品更好，您不仅可以在地图上找到电影院，剧院，宾馆，连最小的饭馆，最近的理发店，公交车站和完整的公交线路图都能查到。如果您离不开视频，可以用中国的同类网站"优酷"替代"YouTube"， "优酷"的电影库更庞大，也没有这么多无聊的小视频和无尽的广告， "推特"也有一个中国对手，那就是"微博"。诚然，所有这些媒体都存在一个很大的缺陷，即没有外语界面，甚至连英文也没有。但是，您在搜索栏中可以输入任何语言，并且结果页面以您输入的原始语言显示。所以您真的可以用它来工作。

如果有"QQ"， 特别是"微信"， 谁还需要Facebook。对了，这两个软件都有英文版本， "微信"还可以设置德语界面。

而对于各种音乐网站，我根本不想在此一一列举，因为数量太多了。然而现在越来越多的内容只能通过定期订阅获取。

您的电子邮件可以照常使用，打电话也没有任何问题。此外，使用"WhatsApp"和"Skype"也没有任何限制。所有这些都意味着，屏蔽美国服务器绝不会限制您与世界沟通，因为在所有领域都有相应的中国产品，从功能的角度来看常常好用得多，而且基本上没有太多广告。

作为游客我们应该考虑哪些，如何做好准备呢？我的首要建议是申请一个"微信"号，并建议您身边重要的朋友也这样做。这是一个比"WhatsApp"功能更强大的平台。除了可以发送文字消息，打免费电话和视频通话之外，您还可以分享最新美照，并用"微信"来付款。只需绑定"微信"账户与银行卡，即可实现这个功能。"微信"还为用户提供了许多其他功能，我将在下文详细介绍，但以上这些对于初到中国的旅行者而言已经足够了。

此外，办一张绑定中国手机号码的中国SIM卡可能会对您有所帮助。如果您计划多次前往中国，我强烈建议您这样做。SIM卡很容易买到，附近比较大的手机店就有出售。您需要提供护照和中文地址，任何一个酒店地址都可以。店员会帮您把卡放到手机里，然后试拨一次您的号码。不到10分钟的时间您就能离开店铺，此时您的手机已经连入中国通信网络。您最好选择可以打电话，发短信和上网的混合型业务套餐包，系统会准确记录您套餐内的使用量。定额业务如100条短信或200分钟通话虽然也有，但一般也就能使用5条或5分钟左右，这种业务需求量很少。上网和打电话费用很便宜，速度快，覆盖面广。中国高速互联网的地区覆盖率远高于德国。

电视对于40岁以下的中国人而言实际上是陈旧的娱乐方式，一方面是因为他们可以在智能手机，平板电脑和笔记本电脑上观看更多种类的节目，选择方式也更灵活，另一方面是因为，中国的电视制作以美国为标准，内容让人无法忍受。每个频道的主要节目都是冗长的竞猜节目，武打片，歌唱或其他类型比赛。不过至少还有一个不错的足球频道，经常实况转播西班牙，英国和德国的足球联赛，观众无需支付额外费用。您可以在酒店里看一次电视感受一下，但我预测那次之后中国电视节目不会成为您的晚间固定娱乐。

7. 购物体验

购物是中国人日常生活的一部分，如同呼吸一样。您作为旅行者也会收获很多购物体验。让我们来看看都有什么吧。首先，这里有大型购物中心，乍一看您不会注意到与西方购物中心有什么不同，除了东亚地区的品牌之外，还有我们所熟知的所有西方品牌。起初，您可能疑惑这些商店怎么做生意和盈利，因为白天的商铺门可罗雀。但到了傍晚和周末，情况会突然改变，熙来攘往，生意变得非常兴隆。 商店里有很多销售员，只要您走近橱窗，立刻有人过来招呼您。但他们对外国人总是客气而谨慎，不会纠缠不休，但这仅仅是因为缺乏语言沟通能力。另一方面，中国客人总被这群人包围，他们围着顾客转，并且极力劝说客人买东西，直到客人最终交钱买东西或者忍受不了离开商店为止。在这里您通常能享受到良好的服务，但不能指望价格便宜，因为西方品牌的售价比德国国内还高。不过您可以买中国牌子的服装，运动器材或鞋子，这些商品质量好，设计时髦，价格还便宜。

图片-35 超市一角

超市供应的物品和我们德国是一样的，但货架前有一大批店员在推销或为客人提供帮助。　在德国由2-3名售货员负责的区域，在中国轻轻松松能找到40-50人。如果您甚至可以用中文向这些女售货员中的一位询问您想买的商品，　如果她听不明白，那么您的购买需求和那个不好理解的口语词将会像多米诺骨牌一样，由一个售货员向下一个售货员传递，直到最后有一个人能够猜得出来您在找什么。去到果蔬区您会有惊奇的发现，一方面，这里的货物摆放的整整齐齐，　排成一行行或堆在一起，另一方面，中国客人把水果装进袋里之前，要对每一个进行全面的质量检测。不仅对大瓜或榴莲如此，就连买草莓和花生时也这样。

图片-36 街市一景

您得把装着果蔬袋子拿到称重处称重并打上价签。称重处设在每个售货区内，并且有明确规定，水果秤上不能秤蔬菜，蔬菜秤上也不能秤水果。此外，您的鼻子会闻到鲜鱼，鲜肉或鱼干肉干的香味飘散在整个超市里，即使在超市入口前都能闻到。您在超市能找到日常生活所需的一切，以及各种食物，可以满足偶尔肚子饿的需求。如此丰富的商品供应也意味着您不需要把所有可能需要的东西都打包进行李箱。　您在当地什么都能买到。药品也是如此，许多人从一个地方到另一个地方旅行总喜欢带一堆药。这完全没有必要，因为附近药店都有卖治疗头痛，腹泻和发烧的药，不到10分钟您就能找到一间药店，它们的营业时间一直到晚上10点钟。

街头市场上售卖的商品品种多样，看起来没什么章法，但对于游客而言却很有意思，因为这里既有纪念品也有各式各样的日常用品。同时这也是游客常被欺骗和不得不砍价的地方。即使您认为自己已经把价格压得很低了，但卖家仍然有赚头。这就是人们所说的"双赢"。

图片-37 面包店

街道上有家庭经营的便利店，有的面积不超过三间车库大小。在这里您完全可以买到任何东西，虽然您想买的东西常常被放在一个您觉得不应该出现的位置上。这些商店营业至午夜甚至全天候营业。如果您没什么想买的，可以四处看看，如果您没有马上找到想买的东西，这时可以问问店员。

别忘了找一家面包店试试真正美味的甜食。首先在入口处拿一个托盘和一个夹子，从架子上夹取您喜欢的面包。您要小心了，面包不一定是甜的，还有一些咸的，辣的，甚至大蒜味的。结账时您把托盘递给其中一位戴口罩的收银员，然后就可以安心地享受美食啦。如果您提着装面包的纸袋去一家舒适的咖啡馆，通常没有人会说，您不能吃自己带的东西，只有美国和韩国的大型咖啡连锁店不允许这样做。

图片-38 农贸市场

清晨，来自周边村庄的农民来到城里。他们将水果和蔬菜摆放在街道两旁或固定的市场摊位上，或者把货物装在车后，骑三轮车流动售卖。这样一来他们就可以根据需求随时前往其他地点贩售。

8. 钱和支付

在中国可以用普通的信用卡及人民币现金付款。前者用于酒店、高档餐厅、网上购物或时装店和大商场，后者用于其他买东西的场合。

只要您手里有信用卡就不愁没有现金，在每个角落都有相应的自动取款机，通常由保安人员守卫，还有一扇可从里面上锁的门保护着，因此您完全可以轻松放心地取款。首先您要按取款机上"English"这个键，接下来的操作就都按照您所熟知的步骤进行了。对了，取完钱后您的钱包会变得相当厚，这是因为人民币最大面值大约只相当于13欧元，您每次出门都带着一大叠纸币。总之是一种很酷的感觉。

如果您听从我的建议，先建立一个"微信"或"支付宝"账户，然后绑定银行卡，那么您就不需要慢慢花掉这厚厚的现金，因为手机上的这些程序几乎可以用来支付所有费用。您只需扫一扫贴在收银台上的二维码，然后使用您的个人密码完成付款，通常来说，中国的支付密码必须由6位数字组成。有时候某些随机奖励或相应店铺的优惠会有一些小额折扣。此外，扫码付款不仅可以在超市或餐馆使用，连街边水果摊贩也接受，也就是刚才卖给您几根香蕉的那种水果摊。

除超市的商品之外，几乎没有商品的价格有小数位，所以您随身携带的硬币或纸币面值最小为一元足矣。超市收银员找零时会给您面值更小的硬币，但这些对旅行者来说没什么实际用途。您就把它们留在旅馆里吧。

使用非现金支付的中国人非常多，可以说大家几乎只用非现金支付。但关于这件事情我们会在下一章里多说一点儿。

即使是外国人也可以轻松申请到银行卡。 您只需去一家银行，最好是在德国有分行的那几家。同样地，您只需要提供一个中国住址并出示护照。对于那些很少去中国旅行的人来说，这不一定值得推荐，但对于那些想经常来中国的人而言，这是一个非常有用的做法。办理网上银行手机支付的时间前后花费不会超过30分钟，最简单的方法通过跨国转账向中国的银行账户打钱，然后再将其绑定中国的手机付款程序。 这个方法会产生一些手续费，每个银行收费不一样。如果想要免除手续费，首先您要申请一个中国某银行在德国分行的账户，然后往里存钱，当您来到中国之后，在相应银行的自动取款机把钱取出来，下一步，把在中国办理的银行卡插入取款机，把刚取好的钱再存进去。5分钟内您就实现了在中国使用无现金支付的前提条件。

9. 补充 —— 更多旅行贴士

本章中您已经了解了很多信息，包括如何前往中国旅行的方法和建议，如何在中国国内旅行，如何睡觉，吃饭，喝水，交流，购物和付款。目前我认为这应该比较完整地涵盖了"旅行实践"这一章的全部内容。尽管如此，我仍然加上了"更多旅行贴士"这一小节。若我之后写作时又想起一些有趣的事情，我会在这里补充：

如果您此刻阅读至此，却仍然只看到这几行字，那就说明我的脑海中没有更多关于此章内容的补充了。请您继续阅读下一章，我们将通过几个小故事来了解真实的中国生活。

C. 中国人的日常生活

在中国，一个更像大洲而不是国家的地方，您的生活永远是那么缤纷多彩 – 这实际上又是老一套说辞，但却很真实。想要全面地描述这种生活得需要一大批作者，没日没夜地写上几周才可以吧。所以我们就挑选着写吧。但根据什么标准来选择呢？我可不想建立一个什么机制，我只想选择那些让我觉得有趣的，在众多旅游指南或关于中国的书籍中没提到过，或仅仅是一笔带过的。我挑选的故事都真实发生过，它们来源于我的经历，我的所见和所想。尽管如此我还需好好决定要说多少， 多了少了都不行。现在我决定与您分享8个故事，因为8是一个很神奇的数字。看完这8个故事后，我希望在您印象中留下的，是中国人的生活方式非常丰富多彩。希望这些故事能够给您一些动力，当您觉得眼前正巧有趣事发生，抓住这个机会，多逗留一会儿，当一个参与者，而不是急急忙忙地从一个景点赶到下一个景点。您在某个城市街道上漫无目的地闲逛，眼睛从左扫到右， 再从右扫到左时，您乘坐当地公交车前往下一个村庄之时，您探索城市里的老街小巷之时，甚至当您出于好奇踏足某家店铺，看着店里的机器正在制作某些东西之时，正是您透过自己的观察了解中国的最佳时机。您即将看到的，或有趣，或未知的，又或令人厌恶。如果您会说一点中文，那就试着跟中国人搭话吧。他们不会撵您走，相反地，很快你们就能简单聊上两句，他们搬来椅子，其实更好的说法是凳子，端上一杯茶或热水，10分钟以后您就会离开，但对中国的印象已经更丰富了些，甚至于可以在我的书里新添一个章节。而接待您的中国人也许会惊讶，身边竟来了个罕见的外国人，但他们会对您微笑，或者两分钟后就把您忘了，因为他们要继续工作或者必须继续工作。

1. 买房子 —— "一站式"购物

中国人购买房产的速度和我们周六早上在面包店买面包一样快。我们来看一个典型的例子。故事发生在浙江省杭州湾新区，这是杭州湾以南的一个新城市，距宁波一小时车程，距上海和杭州90分钟车程。 在2013年之前，这儿只有几个村庄，生活着农民，有一片海边的沼泽地，一个鸟类保护区和几条坑坑洼洼的狭窄老街。

图片-39 杭州湾——全景

自2013年以来，杭州湾发生了一些惊人的变化。政府将该地区指定为新的工业区和生活区，几家大型汽车厂选择这里作为理想的厂址，当然政府也会提前对汽车厂商进行筛选，并给予财政支持。这些工厂现已建好并投入运营，数十家配件供应厂商和众多其他公司也已在此驻足。 企业需要工人，而工人需要生活空间。所以生活区也随之建立起来了。

这里有众多住宅区，每个住宅区有10-15座高层楼房，每栋高楼为30-35层，为700至900名居民提供居住空间。此外，还有一个带超市的购物中心，许多服装店、餐馆、咖啡馆、无数小商店和小吃店。有一个国际酒店，几家小旅馆，第一批个体户，一个休闲公园，几间酒吧和音乐酒吧，两个游乐园等等。所有这些和六车道的大马路都已建好， 此外还建立了一个完善的公交系统，第一批出租车也开始载客运营了。简而言之，城市规划一气呵成。现在该地区居住了大约10万人，政府已计划将居民数扩建至30万人，建设工作正在全面铺开。

图片-40 杭州湾——住宅区

95

每个住宅区都是一个单元，里面有10-15座高层楼房，周围建有结实的围栏保护着，设有多层地下停车场，并提供全天候的保安服务。高楼之间有绿地，池塘，典型的中式拱桥，有晾衣服的地方，还有老年人晚间活动和年轻人打篮球的场地。这里的生活非常安静，然而嘈杂距此也只有一百米远。

几所中小学和幼儿园已经建好，同时也有一所按要求提供学生宿舍的大学。这里已被纳入远途大巴网络，夜市已开张，第一批食客已经来过。然而建设仍在继续，其中有一所超现代化的医院，超现代化在中国意味着提供住院和门诊的全面医疗服务，以及为所有医务人员和医院职工提供的住房。在建的还有一个商业中心，里面有银行，保险公司和其他商店，包括电影院和一所剧院。这一切意味着更多就业机会。工程最多在一年内完成。

在人们坐车前往杭州湾途中，不知什么时候就驶进了一片浑浊，没错，那里通常是灰蒙蒙一片，但不是北京的雾霾，此时一个沙土色的混凝土怪物突然出现，一种超现实的感觉，像海市蜃楼。从虚无中来，确是真实存在，伸手可触。这不是典型的中国，没有热闹的生活，没有数不尽的个体商户，也没有全天无休止的喧嚣。晚上没有人玩麻将，没人在公园里跳舞，早上没有人练气功，晚上也没有人穿着睡衣散步。这一切都不存在于此，还不存在于此。住在这里的人白天工作，晚上休息。杭州湾没有心，也没有灵魂，现在还没有。将来是否会有呢？这是无数新兴城市的一个例子，它让我们看到了中国的力量和成长。

这里超过一半的公寓是空的，还没有住人，晚上没有灯光，白天没有晾晒的衣物。仅仅三年过后，那些住了人的房子看起来似乎已经有点破旧了。这种印象主要来自于窗户，总给人一种没关好的感觉，而且积满了灰尘，脏兮兮的，可能从没有人清理过。这些窗户从里面上锁，挂着窗帘，但如果考虑到室内装潢与设计感两个因素，那么"窗帘"这个术语在这儿并不贴切。它们只是厚厚的单色面料，以某种方法固定在天花板上，悬挂在窗户周围。所以这个地方就是这样。有人在这里买房子吗？究竟为什么？

第一个问题的回答是："是的，当然"，第二个问题的回答是："我确信这些房子很快就会大幅升值。"那么这样一种房屋交易该如何进行呢？首先请您完全忘记德国的住宅或房屋销售方式。这里的情况完全不同，如下所述：

楼盘中心位置是售楼部，停车位有很多但远不足够，一共有几十位销售员。人们在宁波，杭州和上海，甚至更远的地区获知楼盘开售的信息， 于是开车或坐大巴来到这里。随身行李有钱包，现金，银行卡和一些文件。哪天来都可以，售楼部周一至周日全天营业，每天开放10小时。人们把汽车停在路边或路中间某个位置，关键是不能离得太远。几位穿着讲究，发型干净的年轻人将顾客带到入口，进去后往左转，填写个人信息相关的表格。这样一来，有购房兴趣的客源都被记录下来。接着是观看一个10分钟的宣传片， 但几乎没有人看。影片播放了很多游乐园的照片，里面出现很多欧洲游客的身影，似乎杭州湾有很多外国人，当然不是。影片接着播放浅黄色海滩和蓝色海水的场面，没错，大海距离酒店只有5公里， 但是不对外开放，也没有黄沙和蓝水。出售的几栋房屋也出现在宣传片中，是从上空全景拍摄。片中最后只剩下几秒钟用来展示周边大学和学校等设施。 所有就是这些了。从头至尾没有一张房子内部的照片。

接下来客户拿到一张A3规格的彩色大图，上面有各种户型的平面图和规格。无论哪栋单元楼都只有三种户型的房子。因此，客户们很快就做出决定，想买A型，B型还是C型的房子。好，现在该坐到一张小圆桌旁了，在这里卖家会给买家做第一次咨询。

销售员语速飞快得把各事项解释一遍，正如他们在简短而有效率的培训课程中学到的那样，反正客户很少提问题，他们很快就做出决定要买哪种户型。房子的价格不能商量，无论是在3楼，17楼还是26楼，价格都是一样的。

现在让我们来到整个城市的塑料模型前，这里显示着当天哪些单元正在出售。因此，如果今天第3区的第5单元和第8单元房子在售，那也就意味着第7区的第4单元不能出售。等到开售那天，客户还得再来一趟。但这本来对他们来说也无所谓。想要了解更多的客户，事实上也没多少人，还可以让销售用激光笔在地图上指一下自己未来的房产所在。因为房地产商没有非常精确地按照距离比例制作地图，所以客人们能在城市模型附近看到标注着上海或宁波机场，这样一来他们完全相信，今天一切的决定都是正确的。如果有人觉得这些还不够，他可以看一看三种不同规格房子的全景模型。这就像在玩具屋里一样，各个房间里摆放着家具模型，有厨房和餐厅，客厅，一间或两间卧室，一间或两间浴室，一个或两个阳台。屋内一切都经过了精心设计，而真正的房子是否也设计得如此精巧，对眼前人而言真的不重要。

在拥挤不堪的房间里某处摆放着一张桌子，后面坐着几个重要人物，要交材料的客户常常挤不到桌前，只能从其他人头顶上方递过去一堆表格。桌子后面的人对表格进行审查，盖了几个红章后还给客人。这就已经是（经公证的）购买合同了。现在几乎快完成了，只差两个小步骤。第一步是去到另一间小房间，里面有类似于银行窗口的柜台。毫无疑问这是客户支付首付款的地方。可以现金支付或银行转账，首付额有20%，30%或50％不等，总之绝对是一笔数量可观的金额。交易要机密进行？不，当然不是，为什么要这样？反正大家都知道所有买家都有不错的家底。接下来还要迅速进入最后一个房间，办理剩余尾款的贷款业务。

98

一小时过后全部手续都已完成。房地产公司的客户们在隔壁小吃店迅速地扫荡完一碗香辣牛肉面后就回家了。

所以买房成了一日游。一切毫无波澜，按部就班，迅速解决。哦，有人说还缺点什么，比如看房子。事实上的确少了这一步，但人们想的是为什么要额外花这个时间和精力呢？看到一个漂亮的模型就够了呀，为什么还要额外搭一个小时进去。在中国买房子就像在德国买面包的速度一样快。

接近傍晚时分，停车位都空了，街道又是可以正常行驶车辆的街道了，在售楼处最里面的某个办公室，人们换下优雅的商务鞋，穿上舒适的运动鞋，这里就进入了夜晚的静谧中，直到第二天早上新一批购房者涌入，把这个地方再次变为一个喧闹的商业场所。

2. 无所不在的党组织

在所有国营和半国营公司，以及许多私营公司内部都有党组织的参与，它有真正的干部队伍，组织各项活动，有很多预算。这一切都是为了使员工感到幸福并鼓励他们好好工作，从而企业也感到幸福，充满动力。宣传是党代表及其团队在公司里的主要任务之一，但我不想在此处讨论这件事情。我更愿意好好研究一下那个真实存在的"全方位福利方案"，党组织在其中加入了许多令人惊叹的事物。

以下事例仅是党组织的一部分活动。毕竟党组织是无处不在的，员工们要花费多少工作时间来参加党组织的活动，取决于每个公司党委书记的个性。管理层必须接受这一点，但对于合资公司的外国经理来说并非易事。然而，人们应当承认党组织确实是出于最好的意图行事，也就是说，它希望此类活动能对企业目标产生积极影响。

事件一：礼物山

下面这个故事发生在大上海都会区的一家德中合资公司，时间是将近兔年，也就是2016年年底。但类似的事情同样会发生在其他上千家企业里。

这是周二早上10点左右，一名仓库员工将一个大包裹运到员工办公室并将礼物放在每个员工的桌子上。打开包装后，出现的是一个鞋盒大小的高品质蓝牙音箱。"这是党组织送给大家的。""哦，谢谢，这太好了，那为什么送我们呢？"嗯，其实并不一定需要一个理由，这可能就是公司的党委书记的一个想法，而且这么少的费用对党组织的预算来说如九牛一毛。好事的同事此时马上在网上商店搜索这个礼物，查到价格大约相当于80欧元，数百份礼物加起来可不是一个小数目。"党组织想让大家开心一下" – "谢谢党组织。"之后不到四天的时间，下一个包裹就来了，这次的礼物赠送给公司所有员工。这次大家打开包装后，看到的是一个形状漂亮的保温杯。今天的送礼人是工会，可以说工会是"党组织"的另一面。好吧，圣诞节即将到来，也许这就是送礼缘由？但圣诞节不是中国的假期，甚至算不上特别的一天。啊，党组织太好了，哦不，是工会。新的一周伊始，员工们将会很开心又收到新礼物，但这次只送给一部分特别挑选的员工。没有人知道是谁根据什么标准做出的选择，但这并不重要，因为下次会换成另一拨收礼人。员工们拿到手一个重重的盒子，里面是一个皮革装订的笔记本，A5规格，附带一个锁头形状的优盘，背面安装了充电宝，以备手机或平板没电时需要充电。当然，这本有分量的书还配备了所有常用移动设备的连接端口。

渐渐地，办公桌上和办公桌旁堆积了大量礼品盒，而这些小山的高度还将继续增长。同一周内将送到员工手里的还有一盒巧克力杏仁条，一罐开心果，一罐坚果和两块巧克力。毕竟，那些早已心满意足的员工还可以将部分礼物转送给同事。礼品月第三周周中，员工们再次收到了蓝牙音箱，这次是超小型，但音质很干净，在春节即将到来之际，非常适合播放逐渐变成噪音威胁的春节标准曲目。它也很适合放在中国的小浴室里。

图片-41 党的礼物

第四周的礼物是电动毛绒刷，由此礼物周进入最后的高潮，这款刷子在最恰当的季节送出，刚好可以用来整理乱蓬蓬的冬季围巾。而作为送礼狂潮的最高峰，员工们稍后会收到一箱12个苹果，另一箱8个梨，最后以一箱20个鸡蛋完美结束。这些是以单个员工为对象发放的，而不是部门或工作组。

有些员工在每年这个时候还会猜测年终奖的金额，其他人却说发下来的这些东西就算是奖金了。这是怎么回事？大多数员工很惊讶竟有这么多礼物，但几乎没有人用这些东西，当然也没法用来买东西，但是党组织从上世纪50年代起就一直保持了这个优良传统，同时也为同志们的幸福而感到欣喜。有些礼物可以带回家，放到家庭储藏室里，有些东西可以在网上转售，但大多数人更喜欢直接收到现金，而不是被各种实物所淹没。那么我们现在应该记住什么？装有礼物的盒子随时可能出现在桌子上。没有人可以逃避党组织的送礼。党组织领导认为员工很钦佩他，而员工认为......好吧，我们把剩下的留给猜想。

事件二：一场接着一场的活动。

织希望员工们开心幸福。员工的幸福增强了公司党领导的自我价值感，在他楼上的党员干部自然知道要适时赞赏一番。因此，除了送礼狂潮之外，党组织还有充足的创造力去显示自己的存在感，即在一年中分别组织好多场活动来庆祝不同的事情，在这个国家这被称为团队建设。庆祝的理由足够多。一方面有众多的中国传统节日，春节联欢晚会、中秋节联欢晚会或国庆联欢晚会。其他理由包括实现了销售目标，党委书记一个临时的想法，或访问姊妹组织的代表团来参观等。接下来，就要开始做计划，组织晚会，排练歌曲、小品和游戏节目，准备演讲词，必要时还要翻译，选择主持人等，总之，要策划出一个两小时的活动，有时甚至全天的体育健身活动，时间自然是安排在晚上或周末，这样就不会占用员工正常的工作时间。有许多员工参与筹备和活动当天的工作，并非总是自愿，但是没有人能拒绝。当党组织找员工帮忙时，拒绝从来都不是一个可选项。有好几个晚上大家都忙于此，所以不可能有时间过私人生活，但下班后反正也没什么波澜，所以到目前为止，党组织从来没有觉得自己在苛求员工做什么不情愿的事情。即使相关员工被安排白天3小时的排练，他的主管也不能拒绝。然后这些员工在接下来的周末就得加班处理未完成的工作，而此时党委书记可以很开心地享受休闲时光。

被挑选承办活动的当地餐馆现在是大赚了一笔。同样的还有服装租赁公司，美发师，化妆师，装饰师，舞台技术人员，即为这场奥斯卡颁奖典礼上提供服务的所有商户。当然，党组织在花费上一点儿也不小气，但说实话，食物和酒水的数量和质量比较普通。所以，过去那种狂欢式的花销已不复存在。在这一点上，来自中央的指示已经起作用了，要求此类活动的花销必须限制在一笔较小的预算内。

庆祝晚会那一天终于到了。党组织领导当然要满怀自豪致开幕词，向最后一个不知情的人说明，这么一个美好的夜晚谁最值得感谢，接受赞美之词，感谢所有演员和工作人员的"自愿"参与，甚至可能认为他为公司的生产力做了贡献，他拍了拍自己的肩膀，并没有意识到有多少员工更愿意把这一夜留给自己。

在这些活动中表现出色的员工获得的奖励是下一次可以再次参与。他们以诚挚的"谢谢"来回应。不拒绝的主要原因并不是害怕党组织，而是来源于根深蒂固的教育，这种教育告诉他们，不应该直接而明确地拒绝上级或长辈的意愿。最后，所有志愿者被邀请吃一顿答谢大餐，以肯定他们为组织牺牲了这么多个人时间。这么一来为党组织而愉快牺牲的夜晚数量加起来一共是4到5晚，请注意是为了一场活动。

事件三：集体婚礼

第三个事例可能是于我们自身的文化体验而言最奇怪的一个例子。也许我们先了解一些背景更好，要知道很大一部分员工是从遥远的故乡来到各自的公司，他们没有朋友，没有家人，被安排在公司宿舍里，几乎能得到各方面的福利照顾。但他们也很难有机会拥有自己的私生活，并没法培养个人兴趣。许多员工很快就会发现，他们永远只能拿着很低的工资，最后的价值只有工作，他们在没有工作的日子除了休息无事可干，无欲无求，毫无动力，公司的位置越偏远，他们的生活就越为公司所掌控。

图片-42 公司宿舍

第三个事例可能是于我们自身的文化体验而言最奇怪的一个例子。也许我们先了解一些背景更好，要知道很大一部分员工是从遥远的故乡来到各自的公司，他们没有朋友，没有家人，被安排在公司宿舍里，几乎能得到各方面的福利照顾。但他们也很难有机会拥有自己的私生活，并没法培养个人兴趣。许多员工很快就会发现，他们永远只能拿着很低的工资，最后的价值只有工作，他们在没有工作的日子除了休息无事可干，无欲无求，毫无动力，公司的位置越偏远，他们的生活就越为公司所掌控。

几乎没有人在晚上进城娱乐，首先是因为去市中心的路程太远了，第二个原因是晚上几乎没有公交返回荒凉的工业区，第三是因为在充满活力和多姿多彩的市中心，他们那点工资消费不起什么。所以很多前不久才新聘的员工很快就离职了，除非他们找到了生活伴侣。但如果他们没有或几乎没有任何交际机会，又该怎么找？别担心，党组织在呢。组织从一开始就在想办法让年轻的新员工们迅速找到婚姻的幸福，当然是在员工内部解决，因为组织希望两人都长期留在公司工作。通常组织会直接找女员工谈话，询问她们在众多肯定很合适的男同事中是否有心仪的人选，如果已经在其中找到一个男朋友就更好了，或者问她们是否有兴趣让组织给她们介绍对象。而年轻人的自信总还是不足以强大到让提出这种无理要求的党委书记滚蛋。她们会采取逃避的方式回答，这样至少在两周内不再因此事遇到他。但是，与党组织的集体婚礼相比，这种精心的配对方法只是一个小小的开始。让我们假设在很短的时间之内，组织就找到了30对有结婚意愿的伴侣。现在党组织的幸福制造机正全速运转。 每个人都应该知道这些伴侣有多么幸福，因此，一旦有足够数量的伴侣，党组织就会定期在公司举办集体婚礼，婚礼上所有的夫妻都会表明，他们是多么开心在党的关怀下找到了一生中正确的那个人，现在也非常享受这个婚礼盛典。党组织会支付所有费用，准确的说，当然是公司付钱。婚礼当天在一个漂亮的人工草坪上搭起了自助餐台，夫妇们的众多家庭成员受邀而来，父母们彼此交流，兴高采烈的，因雇主这样关怀后辈们的个人幸福而感到无比的开心。如今怎么还能有离开公司的想法呢？妻子和丈夫都在这里工作，很快第一个孩子就出世了，而党组织也将以某种方式表示关怀。婚礼场地的一侧坐着新婚夫妇们，一排一列十分整齐，而另一侧则是客人们。两者之间搭着一个小舞台，是致辞和玩热场游戏的地方。每对夫妇都要简短登台，向在场所有人说出自己的幸福，当然要感谢公司赐予他们如此幸福美好的一天。 在所有人上方有一架带摄像头的无人机绕场飞行，记录整个活动。 而最后拍摄的影片将用于动员下一批新员工。

　　这些集体婚礼是如此的特别，而新员工了解集体婚礼的方式和途径也是与众不同。他们在入职培训周的第二天就知道了，但不是随便提及的， 而且通过大肆渲染的视频和当事人的经历汇报。培训阶段后期会涉及工作流程，工作安全等类似主题。而另一方面，劳动合同的内容，工资支付制度，医疗保险规则和其他"不重要"的事情根本不在入职培训周的议程上。

也就是说， 为了能够和谐开展各项工作，大家只需抓好重点。合资企业的外方对此只能摇头，一边感到有趣，一边感到惊讶。这可能就是文化差异吧。好吧，如果这些事情能有助于企业不用反复招聘新员工，那也没什么问题。

3. 被社交网络支配的日常生活

世界上没有任何地方可以像在中国这样，智能手机里的社交网络应用程序如此全方位地陪伴着人们。或许说是人们在陪伴着社交网络更为准确。在中国人起床之前，社交网络已经醒来，在中国人入睡后，它进入假寐状态。这些应用程序昼夜不停地活跃着，使用者不仅仅是年轻人，那些频繁使用智能手机里的智能功能，而不仅仅是用它来打电话的退休老人们，与中小学生和大学生一样，都是一个庞大的用户群。"苹果"和"三星"手机仍然有很高的需求，仍然是一种身份的象征，但很快中国品牌"华为"，"Oppo"，"小米"等占据了越来越庞大的市场份额。它们在功能和设计上达到了同样的水准，但价格却便宜得多。

在德国，人们通常只听到什么东西在中国被禁止使用，我们很少听到中国人开发了什么东西，在使用什么东西，以及中国人在这方面已经超过我们多少了。还有我要简要提一下，社交网络上有成千上万的批评政府的新闻，人们在许多政治领域公开辩论，甚至可能比德国国内讨论得更多，因为我们国内现在有大量公民已经渐渐对政治失去兴趣。但那不是我们要谈的主题。我们现在要关注的其中一些"社交网络应用程序"，了解它们为日常生活带来了哪些变化。我们首先看看"微信"（WeChat），然后是"支付宝"。

a. 微信/WeChat——交流平台

目前在中国使用最广泛的应用程序也许就是"微信"了，在中国境外它叫"WeChat"。 我们一起来看看这个功能的集大成者，首先我要说它的对手就是我们所熟知的"WhatsApp"，但是当我提及它们这种关系时，我不得不说"WhatsApp"相较于"微信"是一个功能性的矮人。中国人用这个玩具做什么呢？只用来进行大部分日常沟通和互动吗？不，远不止于此，若不算上中间停止使用的时间， "微信"已经可以等同于中国人的日常生活了。创建"微信"帐户是使用"微信"的基础，下一步是加其他用户或群组为好友。"微信"的基本功能有发送文字信息，分享文章链接，拍照，编辑和发送照片，打电话和召开高质量的视频会议。这导致了固定电话在中国消失的事实，许多人甚至已经不知道这个名词。根据我的观察，近9亿中国人平均每天至少有6小时在使用这个应用程序。

在中国有无数的"微信"兴趣群，用户们可以轻松成为其中一员。无论这个群组里是爱狗人士，环保活动家，韩国流行音乐爱好者，比尔盖茨的朋友或其他什么人，组内成员都可以通过"微信"了解群里发生的事情， 可以潜水或发表个人评论和文章。中国人的一天，通常从快速浏览睡眠期间朋友，熟人和群组里发表的新鲜事开始。

用户可以用"微信"来付费。将银行卡关联"微信"并转入一定金额。支付过程中需要扫描二维码。用户可以直接扫描商店的二维码，它就贴在收银机旁边， 或者收银员扫描用户的二维码， 这是因为开通"微信"后用户就会拥有个人二维码。"微信"的另一个功能是直接给别的"微信"用户转账。集体外出聚餐时常常使用这个功能，在餐馆买单的只有一个人，但之后其他人都把自己的那份钱还给这个人。这种类型的转账几秒钟内就可以完成。

如果有人想邀请女性朋友一起逛逛新近发现的时装店，那么可以迅速地给她发送商店的位置图。因此她可以立即启动内置的导航功能并通过程序打出租。这次共同的购物体验已经可以开始了。此外， 邀请者可以在线追踪出租车和这位朋友当前所在位置。

如果在等待过程中有点无聊，那么该用户还可以在"微信"找一个有趣的在线游戏来消磨时间。

中国人喜欢发红包，甚至更喜欢收红包。为此"微信"也设计了一个相关功能，能够直接把50元送到王女士手里或80元直接到王先生手里。当然在手机屏上出现的不是某个纯数字，而是出现一个红色信封，接受者只需点击它即可打开。整个过程是模拟了收发实体红包，这是用智能手机收发红包功能出现之前流行的方式。对了，2017年春节期间全中国范围内共发了超过400亿个红包！每个"微信"用户平均超过40个。但这并没有真的增加个人收入，只是几笔金额在不同人之间来回传递而已。所以它变得更像是一场游戏。有些有趣的群成员会在群里发一个红包，比如40元，"微信"红包有一个算法会决定小组成员之间如何分享这笔金额。这件事可以让群里的气氛更加活跃，因为那些反应迅速的成员抢到红包的几率，要比几分钟后才意识到发生了什么的成员更高，因为等他们反应过来红包可能已经抢完了。

我还要提"微信"可以在线购物，包括挑选，下单和付款这些事情吗？不，当然不需要。我们可是在中国，一个实实在在的购物天堂。

个体商户也在用"微信"处理整个业务流程。他们发布产品的图片，描述产品，并说明价格，厂家和送货方法。然后朋友圈里的"微信好友"会关注到这些微商信息或将其转发给各自的

"微信好友"。这能让卖家很快获得大量潜在的客户群。感兴趣的买家和卖家通过"微信"简单交流后就下单付款了。整个过程简单而灵活，也无需交税。因此，通过"微信"交易，客户能以较低的价格买到法国香水，西班牙香肠或澳大利亚牛奶，而卖方获得的利润也很可观。

好餐馆经常满座，想在此吃饭的客人不能立刻就座怎么办？既然这样就等着吧，或者还有更好的办法，扫一下二维码，然后就可以去逛街了，这是因为"微信"与您同在，它会通知客人的预约将在15分钟，10分钟，或5分钟后到号。所以中国人可以在等位的同时轻松愉快地逛街，而那些不能使用此功能的客人，也就是不用"微信"的客人，只能在狭窄的餐馆入口等待或立即放弃。

"微信"可以把文字消息翻译成用户个人系统的语言，目前中文消息的德文翻译还是不太流畅，但无论如何意思还是可以理解的。

您是否曾经需要公证机构来翻译或认证文件？ 这可能很耗时，"微信"在这方面也能提供帮助。用户通过"微信"添加公证机构的账号，选择一项服务，例如证书翻译和认证，然后拍摄相关文件， 直接支付费用，机构就会告知用户何时能取公证文件。但取件必须是现场领取，因为委托人在整个过程中必须现场出示一次原始文件。与此同时，已经出现了第一批由"微信"处理的离婚案件。具体来说，是双方借助这个应用程序达成离婚协议，并且还要进行真实性验证，这种方式省去了浪费时间和成本的多次奔波，整个过程办理快速而且气氛融洽，前夫妇双方都非常满意。至于离婚后的双方是否还互为"微信好友"，我们就不得而知了。

公司也越来越多地使用"微信"来处理业务流程了。比如大部分内部邮件往来被"微信"消息所取代，公司甚至用"微信"来报销差旅费用和支付工资。这只是一个开始。"微信"还有一些其他功能，在规模和质量方面还在不断发展。因此，"微信"成为了许多中国人醒来之后第一个要看，入睡之前最后一个要看的应用程序。　那些失眠的人睡不着时不再数羊，而是看"微信"。我们无法完整地描述"微信"，因为没过几天又会推出几项新功能。因此，我只想列举一些关键词说明：获得和使用合作企业的优惠券，手机充值，交水电费，打出租，捐款，订机票，订酒店，订餐，订购保姆服务等。总而言之，"微信"是一个无所不包的交际网络中心，集合了众多金融和其他服务，没有它，中国人根本无法生活。

b. 视频和音乐网站

慢慢地，在中国可以免费欣赏几乎所有电影和音乐的时代一去不复返。收费意识已在这个国家落地生根，它的领导层已经开始打击任何违法行为。有些人已经开始付费，而有些人仍在免费使用这些服务。无论如何，用于视频和音乐播放的智能手机，平板电脑和个人电脑客户端的普及，至少让40岁以下的中国人既不看电视，也不听广播，更别提买电视机和收音机了。与固定电话类似，这两件物品迟早会被弃之箱底。因此，中国电视设备制造商供应出口的产量已远远超过国内市场。

值得我们注意的是， 这里的外国电影都是用原声配中文字幕。这种形式的魅力在于，观众能听到电影中每个演员的原音而不是配音演员的声音。而更重要的是，它可以极好地促使人们去掌握英语这门语言， 因为中国人喜欢的往往是美国电影和电视剧。如果您和中国学生交谈，他们会告诉您，美剧在某种程度上属于他们英语课的一部分内容。

说到连续剧：每当一个全新的剧集在德国面世时，早已有数千万中国人看过了。这到底是为什么？

c. 支付宝——金融平台

除了"微信"外， "支付宝"是中国应用最广泛的程序之一，也就是一天用上好几次。 起初，中国人用它在各种场合付款，只需扫描"支付宝"二维码即可。然而， "支付宝"的功能却延伸到了很多方面。它已经冲出中国，首先扩展到了东亚，但随之也在欧洲机场和第一批商户达成了合作，这样中国游客在回国之前可以更方便，更快捷地付款。罗马，巴黎和法兰克福免税店都乐于见到本店销售额大幅提高，因为每个中国游客在回程之前还在为家人和同事购买最后几份礼物。因此，能用上这个支付功能的人肯定会买更多东西。

对于那些没有多少财富，比如存款不到100万人民币的中国人而言， "支付宝"早已取代了银行，因为银行没什么兴趣和这个级别的客户群做生意。因此， 银行给他们的收益相应地比较低。如果父母想要为孩子上中学和大学投资一笔钱，他们的选择不再是传统的银行账户，而是"支付宝"账户。虽然雇主仍然主要通过银行账户支付工资，但在收到工资的同一天，员工会立刻点击手机屏幕上的按键把工资转到"支付宝"账户。钱放在账户里可以设定为随时支取的活期账户，或者设定为不同期限的定期存款，利率很诱人， 每天都有利息进账，对于定期存款也是如此。

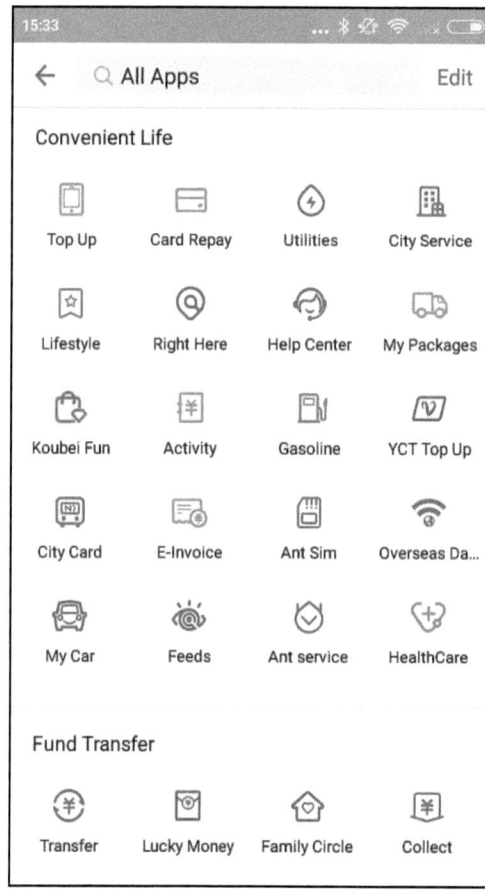

图片-43 支付宝用户界面

当然，"支付宝"还提供账单，或更好的说法是所有交易的一览表，各项交易不仅按时间排好顺序，而且还可以根据不同的消费内容进行归类。这样客户就能清楚的看到，自己在上一季度总支出中有18%用于餐馆，7%用于电影院， 22%用于服装等。如此人们便省去了做流水账的麻烦，因为这是"支付宝"提供的服务之一。"支付宝"在中国几乎没有相应的竞争对手，就算是企业管理层希望继续扩大海外业务，而且国外地方当局也同意发放许可证，"支付宝"也不必担心境外的"PayPal"或"Apple Pay"等潜在竞争对手。

"支付宝"不是一个孤立的应用程序，而是与"淘宝"和"全球速卖通"一样是"阿里巴巴"大集团的一份子。这意味着即使是中国最小的个体户也可以跨境进行商品交易和服务，即使交易价值仅为1欧元。与"微信"相比，"支付宝"的业务重点明显放在金融业和贸易上。因此，它提供一般公民所需的所有银行服务，以及所有与订购，物流和付款相关的服务，此外还有音乐和视频相关服务，最后是多种类型的公民服务，包括收费，公证服务，缴纳罚款和出生登记等。

在中国，"支付宝"有自己的中文名称，但缩写"阿里"很常见并且大部分人都知道是什么意思， 而"WeChat"作为"微信"的外国名字在中国并不常用。

中国正在迅速成为低现金交易的国家。我们在西方讨论这种交易形式时总是先想到安全性这个字眼。中国人首先考虑的是便利性，这并不意味着，中国的支付程序供应商没有投入大量的精力去研究其服务的安全性，但却非常清楚地表明了，从用户的角度出发考虑优先级是多么的不一样。这个现象在商业生活中也随处可见。在实践一个新的商业理念上，德国人想的最多的是"风险"，而在中国，人们想得最多的是"机遇"。很多人都能看到这一点。因此到处都有许多新的商机涌现。您找不到任何一个不与"支付宝"合作的新店铺。

4. 结婚：一次庆典——一门生意

　　在整个中国历史中，婚姻一直被视为人一生中必不可少的事件，在这个事件中特别骄傲的是父母，他们的孩子终于迈入了婚姻殿堂，这是他们命定的归属。整体而言，这种观念直到今天也没有太大变化，但人们会注意到，目前中国人平均结婚年龄在28到30岁左右，而且有越来越多的中国人必须或希望一个人生活，这让他们的父母非常懊恼。一个原因是，很多男人，没错，主要是男性的原因，找不到新娘，第二个原因是，越来越多的女性想过一个自己掌控的生活，至少在毕业后的前几年是这样。这些现象仍然是家庭文化变迁过程中的小支流，但拥有数百年历史的传统和习俗将在未来几年内有中断的危险，当然也有人认为这是机遇。不过我们还没有理由担心，因为婚礼业务正开展得如火如荼，那些以此为生的人们仍然拥有一个美好的未来。

a. 序幕——寻找和找到伴侣

关于中国人找对象的方法，我们能够在数十本关于中国的书中找到。所以我不想再重复一次，但我想根据几个要点简单回顾一下这件事情都有哪些人参与其中。

在中国当然有通过正常的，偶然的相识而成为伴侣的情况，同时也存在婚姻介绍所，互联网相亲平台，快速或慢速相亲会等等。但这里会出现一些乐于为他人介绍伴侣的积极分子，若是在德国，以他们的身份遇到此类事情会比较保守。首先要提到的就是教授和讲师们，他们会特别关照博士生以及高年级硕士生，换句话说，就是那些超过25岁的学生。老师们或隐晦或公开地给他们介绍对象，接着马上就安排见面，因为这两个年轻人仍然深深植根于中国文化，他们不得不去完成师长为他们安排的约会，因为不能给教授先生丢脸。如果在学生期间没有配对成功，等他们接受人生第一份工作后，公司的婚姻介绍人就会立即为这件事张罗起来。您还记得前面的一些事件。

父亲和母亲，还有整个大家庭，既不会依靠偶然的缘分，当然也不会依靠教育机构和工作单位的介绍人。他们在这件事情上总是很积极，因为他们只想为孩子做最好的安排，准确的说，他们想要的是退休后可以照看孙子。所以，说白了，是他们想要最好的，为了自己人生的新篇章。然后还有阿姨和叔叔，祖父母和邻居的干涉，最少也是烦人的询问，但往往还提出具体的建议甚至秘密安排一场被迫的相亲。听话的孩子迟早会放弃抵抗，然后就可以举办婚礼了。而这叫做准备就绪，按部就班，也就是说，刚才提到的家庭正处于火力全开的状态。查黄历，找良辰吉日，同时安排婚礼场地，必须足够大，足以容纳所有客人。当然还有挑礼服，鞋子，化妆品，或买或租，确定合适的发型，找到合适的发型师，邀请宾客，聘请婚礼主持人，确定详细的流程等等。

顺便提一下，现在流行将适婚男女分为几类。A等级包括那些拥有高学历和好工作，有一辆拿得出手的车，且在一线城市有房的人。排名最差的D等级是必须留在农村的农民儿子，和去城市做销售的农村女孩。无论如何，没人想找一个比自己条件差的伴侣，相同的条件可以接受，但真正的目标是找一个比自己条件好，等级更高的伴侣。这件事情并不容易，但最终能结成夫妻的也很多。那么现在让我们来看看婚礼过程吧。

b. 民政局

具有法律约束力的婚姻手续在当地的民政局办理，婚姻双方其中一人必须在登记地有房。一旦拿到结婚证，双方的家庭状况就变了，在法律上要遵循新规则。我只想提几个关键词：买房，孩子上幼儿园和上学，税收。所有这些都与婚姻状况有关，这与我们德国也没有多大区别。尽管婚姻会给生活带来如此大的影响，去民政局结婚却是一件一点儿也不浪漫的事情。它本应该是，但中国人觉得为此做精心的准备和计划，还有仪式都不重要。因为办理登记不需要预约，所以有不少准夫妻利用延长的午休时间过来一趟麻利地完成了手续。婚姻协议在一个简单的办公室签署，而在隔壁房间，有可能另一对夫妇刚离婚，这个手续也是在一个午休时间就能完成。现在回到婚礼仪式（其实这不是真的仪式），一个公务员说了几句话，这对夫妇签了一些表格，付了一笔费用。几乎就是这样，除了最后一个中国特色的步骤，即一张结婚合照。这张夫妻双方的合照，连同夫妻双方姓名，结婚日期，官方签名，当然还有红章，一同出现在结婚证书中。中国的结婚证与德国的不同，证书里不仅有数字和文字，还有照片随时可以证明，谁和谁已经缔结良缘。事后没有人能否认说，"我不是，不是我。"

此外，中国人的命名系统清楚而易实行。夫妻双方在婚后都保留自己的姓名，没有其他选择。孩子出生后沿用父亲的姓氏。

c. 结婚照

以上的正式步骤迅速完成之后，婚姻过程的第二部分就提上日程了：为这对年轻夫妇拍摄结婚照。严格来说，这方面的准备工作肯定要提早很长时间开始，尽管相关机构数量很多，但有拍照需求的夫妇也一直很多。我们要先了解一件事情，这里的拍照可不是婚礼期间或婚礼前拍几张漂亮的照片，而是拍摄双方一生中最美妙的照片。他们需要时间，金钱和一个代理机构。

对了，我们还会在后面的"尾声"这个章节中再次提到这些照片。但首先得有人把它们拍出来。

通常，这对夫妇会去咨询好几个代理，商量每家给出的建议，有些人甚至带着自己的想法而来，最后选定一家签合同。价格可能会很贵，不，正确的说法是，肯定会很贵，但这也是应该的，拍婚纱照的预算原本就定好了。

照片拍摄时长最少是半天，但没人会只拍半天。要拍就拍一整天，或两到三天，取决于去哪里拍摄。

假设一对夫妇来自上海。人们想，那么照片就是在上海某个地方拍的。有时的确是这样，但代理机构知道很多浪漫的地方，会给客人们宣传。所以他们可能开车3个小时到达黄山，或者在4小时内飞往云南风景如画的山区度假胜地，或者往海南走，去海边更好。又或者去中国西部的大沙漠，或者立刻前往巴黎。在这座爱之城，中国夫妇拍摄婚纱照的数量肯定比德国或比利时夫妻更多。巴黎很酷，这个城市名字本身就代表了迷人的影像，代理如此描述巴黎，令夫妻们心驰神往。 一天去，一天回，两天拍照，一天购物， 中间还能抽空迅速参观一下埃菲尔铁塔和卢浮宫。遗憾的是，夫妻们要为这趟行程花掉整个年假，但人一生也就只结一次婚啊。无论如何，代理商们都能为新人们提供各种各样的拍摄地点方案，每对夫妇肯定能从中挑选出一个合适的。

接下来讨论应该穿什么样的服装拍照。日常的，相对简单的

图片-44 结婚——拍照

衣服和西装，或传统服饰甚至制服。大家会达成一致，当然也会选择几种不同的风格。拍摄日期到来前不久，拍摄机构会给客人们设计好一个合适的发型，最后大家登上飞机，飞往云南大理或另一个美丽的地方。飞机上是这对夫妇，一名摄影师，一名助手和一位化妆师，由她全权负责客人的外表和服装。飞机舱中有几个行李箱装着衣服，化妆品和技术设备，除非代理商在当地有合

作伙伴，那么就将所有东西都装在汽车或小巴上，然后在拍摄日那几天把客人从一个地方载到下一个地方。

对于新娘来说，这一天从早上5点开始，因为美发，化妆和穿衣都是耗费时间的专业行为。然而， 丈夫却可以再睡两个小时。

首席摄影师拥有大量的场景可以作为拍摄背景，可以把这对情侣拍得特别好看。这些场景可以是寺庙或公园，建有传统房屋的街道，群山前的大草原，长满芦苇的海岸，甚至是6车道城市高速路的交叉路口，或灰色墙壁前和一个满溢的垃圾箱旁。根本没有无法拍出漂亮婚礼照片的地点。

一行人乘坐小巴前往拍摄地点。 这对夫妇私下换好造型服装，裙子或西装。如果裙子长度到地板， 新娘就不用额外脱牛仔裤了。然后，造型师开始给新娘打扮， 用化妆品重新修饰脸部，用梳子和刷子整理头发，整理好衣服，然后将其送去拍照。打扮新郎只需要两分钟。 然后摄影师指定拍摄第一张照片的位置。一旦两人就位， 摄影师就会明确告诉这对夫妇要摆什么姿势。"靠在那个老墙上"， "仰卧在草地上，在那棵树下"，"跪在你的妻子旁边，你的嘴靠近她的唇，保持5厘米距离。"然后他按下几十次快门，助手跟着他，手里举着一块铝箔涂层的纸板，灵活地根据光线调整，一会儿顺着光，一会儿逆着光，以此来避免烦人的反光和曝光现象。十五分钟后，第一个场景都收在底片里了，夫妇回到小巴上，换了套衣服，重新补个妆，然后开始第二个场景的拍摄。 这一次先是单独照，然后相隔十米合照，相隔三米合照，最后紧紧相拥合照。这对夫妇或站立，或蹲着，或躺下，摄影师或站立，或蹲着，或躺下，助手拿着铝箔板跟着他，造型师拿着彩妆，粉底，化妆刷和梳子跟着他。有时这对夫妇在开心地笑，稍后面部表情开始变严肃，可能是因为压力，也可能是拍照中摄影师的要求。

如果客人们错误地选择了一个热门旅游景点作为拍摄地，那么拍摄过程经常会被陌生人打断，至少是拖延。此外，其中一些人还用自己的相机给夫妇俩拍照。这么做的经常是外国人，他们很开心在社会主义中国竟然遇到这么多浪漫的时刻。相当疲惫的一个上午终于过去了，拍摄计划暂时停止，情侣和工作人员都要稍微歇息一会儿，吃个午餐，睡个午觉。然后继续拍摄，下午在另一个地方，有不一样的光线，最后的场景还可能是夜晚的万家灯火，在月光下或电闪雷鸣的大雨中，因为代理的拍摄计划非常灵活，照片的取景可以非常多样化，他们无法控制天气，也不能因为下雨而把拍摄推延到明天，因为这个行业的运作非常专业化，按照严格的时间表工作，挣得很高的费用，最后给一对幸福的夫妻留下了数百张照片。家里的妈妈们会把其中最美的照片整理出来，夫妇俩回归正常工作，还得好好休息，为了准备婚礼过程的最重要一步：结婚典礼。

d. 结婚典礼

中式结婚典礼有很多组成部分，首先必须提到的是客人。邀请的客人应该尽可能多，不仅因为每位客人给的礼金价值远高于他在婚礼上吃喝的消费，还因为家长要让自家孩子的婚礼跟邻居女儿的梦幻婚礼一样风光。神奇的是，"微信"此时竟然也能帮上忙，因为里面的联系人永远不会被删除。所以夫妻双方可以邀请到高中和大学的所有同学，即使他们已经有四年没联系了。受邀请者会觉得很惊讶，根本没兴趣参加，但还是接受邀请了，因为拒绝朋友邀请不符合这个国家讲究人与人和谐相处的理念。因重病而缺席是人们可以接受的理由，但说因为留学欧洲或美国而回不来已经不再是一个好借口了。新婚夫妇的父母肯定会再邀请另一群夫妇俩几乎不认识的客人参加婚礼，也就是父母亲的同事和他们的孩子。由于目前适婚中国人的父母都生于独生子女政策出台之前，所以夫妇两方各自有许多叔叔伯伯，阿姨婶婶，堂表兄弟，堂表姐妹和爷爷奶奶，外公外婆要来。而两人目前的工作同事组成了另一个团队，当然还有各自真正的好朋友。当所有客人都到了，他们可能只认识其中一半人，另一半则需要询问才知道。

中国的新婚夫妇需要伴娘来协助新娘和相应的男性同伴来协助新郎 - 对了，他们该怎么称呼呢？（因为德语中没有相应的名称）。在这件事情上同样地，很可能由父母来选定一个人，但夫妇两人可能此前很久都不跟这个人联系了。根据邀请函发放的群组，客人们知道他们应该或必须关注哪个"微信"群组的消息来做准备。通过这种方式，他们就可以毫无遗漏地了解所有重要的和许多不那么重要的事情，而且每天好几次。

客人太多的缺点是婚礼通常必须得在有足够大空间的大型酒店举办。虽然中国有很多这样的酒店，酒店也有足够大的大宴会厅，但婚礼场地必须提前几个月预订。

现在我们有了场地和客人名单，是时候想想个人服装了。在中国传统中，白色衣服不适合举行婚礼，但即使没有白色，也还有很多选择。因为很多中国新人强烈希望婚礼的某些方面跟西方一样，所以穿着白色礼服结婚已不再是例外。接着他们去服装租赁公司，最终选定要借的裙子，西装，鞋子，帽子，手套和各种配件，价格并不比商店里的购买价低很多。给伴娘的礼服也是同一时间借出，在这之前这些年轻女士们要通过"微信"告知自己目前的衣服尺寸。

慢慢地，是时候该与酒店谈论场地布置和装饰了。当然，酒店在这方面经验丰富，因为他们每周组织两次此类庆典，时间有可能是任意一个工作日。当然，新人们会很乐意贡献出每年五天年假中的一天来置办婚礼。婚礼场所的布置主要涉及酒店大堂，宴会厅入口的区域和宴会厅本身。准备工作开始于婚礼前一天晚上。走廊里会装上指示牌，指向婚礼场地，同时还有一块或几块印着新婚夫妇名字和照片的大牌子，有时用的是夫妇的大头照，有时用的是真人大小的全身照。 宴会厅的入口处有一大幅照片墙，上面都是夫妻俩的照片，有时还用艺术字体写上孔子时代流传下来的幸福箴言，此外有一张座位安排示意图，整场都是8-12人的大圆桌，已经标好了号码，客人要按号就坐。越重要的客人与新娘和新郎坐得越近。座位已经提前分配好，不能自由选择，因此每位客人进入宴会厅之前必须登记， 方知晓自己坐哪张桌子，可见参加婚礼庆典也要登记才能入场。简单的婚礼一般摆20桌，搭一个舞台， 当然舞台设计可以天马行空，可以搭配一个伸展台，或塑料泡沫搭建的欧洲城堡，或者设计一面照片墙，墙上有白雪覆盖的群山和天然瀑布。食物的质量不太重要，也就是一般水平，仅此而已。

婚礼庆典从中午开始，4个小时后结束，也就是说不会无休止地畅饮至天明，在这个过程中，中国人，此处我必须说明是男性客人，在4小时内喝的酒量毫无疑问可以达到一场德国婚礼上客人们10小时的饮酒量。

虽然婚礼中午12点才开始，但酒店里的其他客人一大早就被可怕的噪音吓一大跳，这是因为在放礼花炮，还挺漂亮，但主要是特别吵。燃放礼花的人在酒店正前方或停车场的入口处或街道上摆上礼花盒子，然后点燃。如果您在酒店30楼的房间里听到这种惊人的噪声，那就应该快点跑到窗前看看。您将会从高处看到礼花燃放，这样的幸运多么难得。这样热闹的声音在中午前还会响起多少次，很难预测，似乎没有规则可循。

同样没有规则可循的是客人赴宴的衣着。大多数人都穿着日常服装，就像在很多其它场合那样，比如上班，去餐馆或电影院等。婚礼开始前一小时，第一批客人陆续到达，新娘和新郎说不定什么时候会到，但一定会准时，他们乘坐欧洲，或更确切地说是德国品牌的豪华轿车抵达酒店。装饰着鲜花的汽车停在酒店门前，后面跟着许多其他豪华轿车，分别载着夫妻双方的家人和最亲密的朋友。最近已经有些新人用装饰过的共享单车来代替豪华轿车。这只是一个让人眼前一亮的营销好手段或将成为不远未来的全新模式？

接下来的几个小时会发生什么呢？在此之前，我们还得快速回到同一天的早晨，看看婚礼当天上午都发生了什么。因为这个环节里中国人仍然在完美地保持着传统仪式。随着时代的发展，这些仪式在内容上加入了很有分量的当代红色成就，丰富了许多。不，这个红色与中国共产党无关。如果这个红色不够红，那么今天上午可能是一个艰难缓慢的过程。请让我简单描述一下。婚礼的传统习惯，是新郎从新娘父母的家里把新娘接走，然后再正式把她送到新家。但是新娘想出了一些阻挠他的办法，因为她未来的丈夫不能这么轻易地得到她。于是新娘得到了伴娘团的协助，而新郎也获得了伴郎团的帮助。有一个房间将作为新娘的藏身之所，她坐在里面，穿戴算是齐整，被伴娘包围着，等待着新郎的敲门和叫门声。但是不能让他进门，首先，他必须把几个红色信封塞进门缝里。这就是我们所说的红色。信封里有什么？当然，是如假包换的真钱。但无论年轻男士们塞什么进来，那都是远远不够的，必须有更多，但伴娘们没有直接要求他们这样做，而是让他们猜谜语，答对一题可以免去一个红包。可惜新郎团队

125

根本无法回答这些刁钻的问题，所以他们只能用更多红包来尝试接近目的地，也就是来到新娘身边。幸运的是，所有人都知道自己必须在12点到达婚礼大厅，所以这个过程不会永远持续下去。房门将在一个恰当的时机被打开，接着新郎团还面临最后一个任务。新娘一方非常喜欢把新娘服饰的某些部分藏起来让男人们去寻找，因为着装不完整的新娘是不能离开房子的。于是可怜的男人们不停地找鞋子，发带或手套。最后，他们放弃了，因为什么也找不到，到了这个环节，新郎还是可以用最后一个大红包来替代寻找成果。我必须说，这更像是一种游戏，一种象征性的行为，因为红包中的钱既不会让年轻的新郎们变穷，也不会让年轻的新娘们变富。

终于到酒店了，客人们仍然可以在大门前享受一个小表演。父母聘请了一个艺术团，表演者穿着传统服饰表演了一些舞蹈和音乐，旁边是扎着红色丝带黄色礼炮车，随着砰砰的响声，向婚礼人群喷射五彩纸屑和气球。接着是幸福的时刻，新娘跳进新郎的怀里，或新郎主动将新娘高高抱起，抱着她跨过门槛。观众们伴之以热烈掌声和高声欢呼。

现在所有的客人都迅速去到各自的餐桌旁，但不会忘记在入口处递上装有礼金的红包。其中一个伴娘负责收下红包，打开它，数钱，心想着："噢，好多钱"，然后工整地记好账。从礼金与客人们个人收入之比来看，数额的确很大。远方亲戚和不太熟的朋友送的礼金是他们每月净收入的20％。而直系亲属和最好的朋友们给的肯定多得多。

丰富的菜肴一道接着一道迅速上桌了，饮料早已备好，客人们开始大快朵颐，女性客人选择喝水或饮料，男性则喝啤酒，葡萄酒和白酒。客人们用餐期间，一位经验丰富的主持人在极力制造气氛。有人讲笑话，有人表演，各种祝愿新人婚姻生活美好的祝酒词一个接一个，气氛烘托得非常热烈。新娘和新郎跪在对方的父母面前，按仪式说几句固定的话，就算正式被接纳入对方的家庭里了。

然后就结束了。客人们立刻离开了婚礼现场。工作人员迅速清理场地和成堆的食物残羹，因为第二天将是另一场婚宴。这对新婚夫妇带着拍摄了成千上万张照片的成果回家，只留下浓烈的中国白酒味，萦绕在前厅好几个小时，久久挥散不去。

e. 尾声——拒绝遗忘

所有参加婚礼的人都沉醉其中，他们为美好的庆典，幸福的新婚夫妇，美妙的天气而感到高兴，然后就开始了迅速的遗忘，因为明天又要上班了。但"微信"婚礼群仍然在线，还没有立刻被删除。有一千张照片整装待发。仅仅两天后，"微信"提示音就开始不断发出响声。早上6点"微信"就把组员们从睡梦中叫醒。第一批照片发过来了。但是，由于时间不够多，无法整理挑选甚至编辑照片，因此第一批照片是按"数量"发送的。发送者有时是这对夫妇自己，但通常是双方其中一位母亲或如果两位母亲联合发。因此，同一个多层婚礼蛋糕大家会看到十二次，从整个顶部，从半个顶部，从右边，从左斜下方等角度拍摄。请注意，是一个蛋糕。紧接着是十八张新娘侧面照，十五张和新郎的合影，六张没有新郎的照片等等。有些人看到这些美好的回忆很开心，只有忘恩负义的人才会说，少发一点照片吧。

接下来的一周，母亲们终于有充足的时间来加工和美化照片，在这个工作还在进行时，同样一批照片会被发到群里，但画质和比例都比之前更好了。又一个星期过去了，照片被制作成一个半专业的视频，还加入了不合适的背景音乐，客人们又可以再次回顾婚礼过程。当然，大家必须通过文字信息表达看到这些漂亮照片后的喜悦心情，最好用动人的语言多次表达。这样一来，群里的交流变得非常活跃，在婚礼庆典之后，大家还是很开心。这个群组将永远保留在"微信"中，永恒的光环围绕着它。出于礼貌的考虑，从这个群组中退出不是一个现实的选择。至今我尚未听说，婚礼群组是否也用于通知离婚的消息。但我们还是希望这对夫妇有一个幸福长远的未来。干杯！— 干了这一杯！— 干杯！

5. 中国——消费社会

购买商品和服务无疑是中国人最喜爱的事情之一。若您有机会陪他们买东西，就会经历一些在中欧不存在的惊奇体验。我将尝试用以下一些事例让您去了解这件非常有趣的事情。

a. 网购

"淘宝"无疑是中国第一网络购物平台，但绝不是唯一的一个。在海外，"淘宝"的业务也已经迅速扩大。而中国网络购物发展的真正秘诀只在于，　人们可以在 "淘宝"上买到所有东西，真的是所有东西，不仅仅是书籍，娱乐电子产品，家用电器，还有五个新鲜面包，两张礼品包装纸或三瓶德国啤酒。即使是最小的商铺，连一个车库大小都比不上的商铺，也通过"淘宝"成为了中国网络购物大世界的一员！

买家的购物动机很简单，要么是因为他们需要某些东西，要么是因为他们喜欢购物，或者因为他们很无聊。没人会为了花两三欧元而考虑很长时间，特别是在不用付运费的情况下。因此，一般网络购物者每月肯定会达成10笔交易。

用户在网上迅速地挑选好一些商品，用"支付宝"付款后，订单很快就能发货了。对于每个订单里的商品，用户都知道是从哪个城市哪个商家购买的，或者在下单时就已经选好了送货最快的快递公司。订单立刻就发货了。在这件事情上有两点优势特别有用。一方面，从大型货运物流公司到最小的快递服务商，有无数快递公司活跃在这个行业，另一方面是，物流过程没有任何中断，我的意思是物流在星期日，节假日和夜晚都不会中断。客户可以通过智能手机的应用程序可以跟踪物流进展，而订购的商品没过多久就到达了客户所在的城市。我十分建议您走到大街上看看包裹如何转运直至到达客户手中。现在郊区已经没有原来那种电脑控制的包裹分配中心了，我们眼前是一辆小面包车，驶到街边某个商店前停下，吐出200个包裹然后离开。现在有一半的包裹在屋里，另一半在路边堆成一堆，在这堆东西里我们什么也找不到。但这个假仓库的管理员却能立刻找到每个包裹，他的同事或下一条街道的同行也是以同样的方式工作。

如果客户选择了最便宜的送货方式，那么智能手机上就会收到一条取件点地址的信息，客户要去到那里，把短信给快递员看，然后就能拿到自己的包裹了。在一堆包裹山中，一只有魔力的手就这样把包裹递到客户面前。客户一般只需支付几元钱运费，如果是较大的网店一般是免运费的，商品会直接送上门，甚

图片-45 包裹集散地

至送到酒店房间门口。这和送外卖的方式类似。有些地点如学生宿舍不让快递员进门送货。所以他们果断在大门外的人行道上支起一个篷子，所有的快递包裹都放在那里，一整天都有学生过来取包裹，而在另一侧，新一批从省会送过来的包裹正在卸货。我们欧洲人主要担心的是，在这条非常规的物流轨道上会丢失多少包裹，而有的人则担心，那些易碎的商品到手已经破损了。但两者似乎都很少发生。

如果客户不喜欢收到的商品而要退货，操作也同样简单。把退货商品包装好，捆上胶带，然后打电话给快递公司就可以了，根本没必要送到发货点。 快递公司会派一位员工上门或去到酒店，他上门取货时会带纸箱和其他包装材料，通常也会用旧的厚纸板立刻弄出来一个尺寸合适的盒子，然后把要寄出的所有东西放进去稳当的包好。客户只需填写快递单及支付一点费用。

b. 实体店购物——如购买电视机

虽然现如今网络购物如此盛行，但去专卖店或百货商店购物的现象尚未完全消失。这种购物方式对于买诸如洗衣机或电视机之类的一些产品还是非常有优势的，因为整个购买过程不以送货而结束。让我们跟随一位想买电视的顾客一起去看看吧。他可以选择日本，韩国或中国品牌。先让销售给他介绍一些其中某些型号，接着谈价格，折扣，功能，然后决定买哪个型号，最后付款和回家。不带电视机回家？是的，毕竟机器很重也不好拿，客户应该如何把它运回家？但这只是其中一个原因，毕竟购买是一个完整的服务，如下所示：一到家，客户就会收到一条何时送货的消息。客人当然可以更改预约时间或根据自己的情况提前定一个时间。服务公司会按照约定时间准时把电视送到客户家中，一个或两个员工把它放在地板上，拆开包装，再把包装材料收拾好，把旧电视拿开，擦去灰尘，放上新电视或把它固定在墙上，连接上电源，天线和互联网，打开电视机，开始搜索频道，给客户解释电视机和遥控器如何操作，最后带着旧电视和包装材料离开。顾客只需舒服地坐在沙发上享受第一个节目。以上这些都不是需要花费大价钱的贵宾服务，而是购买电视的标准流程中的一部分。如果德国人可以享受到这样的服务，他们该有多高兴啊，特别是当他们自己动手处理复杂的操作流程和研究使用手册一小时后将要陷入绝望之时。

c. 商品推销

无论在中国何地，总会不断有新的消费品进入市场。无论您在哪个城市闲逛，最晚不过十五分钟，您将成为这样一场推销大战的目击者，亦或是牺牲者。目击者所见完全称得上大饱眼福，这里的所指并不总是产品本身，而是充满魅力的优雅女士们，她们被（厂商）聘来推销产品。这些美女们很惊艳，穿着开叉到臀部的及地长裙，诱人地倚靠在漆光锃亮的汽车旁，用她们久经训练的目光吸引着过往路人，还摆出一些诱惑的姿势，让人无法从她们身上挪开视线，因而完全忽略了汽车，当然也包括竞争对手的汽车。尽管如此，世界上没有任何地方像中国一样汽车销售发展得如此蓬勃。最近，这种销售方式略有改变，因为执政党认为它不符合中国社会主义道德风尚，并且因为汽车制造商实际上想要出售的是车辆而不是广告女郎。

穿着和风格一样的女士们也常常出现在T台上，伸展台搭在某个中心广场的一处。背景播放着电子音乐或中国流行音乐，模特们迈着飘逸的步伐在这些伸展台上来来去去，这些音乐声传的很远很远，帮助厂商吸引到一群看热闹的人围观。他们在这里干什么呢？是市场上推出了一款新的名贵香水？还是时装设计师最新系列的展示？当您慢慢走近时，会看到模特们手里拿着一样东西，还带着它走T台。　　不过是一款普通的日用洗发水，仅此而已。但是为产品而办的秀却令人印象深刻。

图片-46 推销活动

　　展台旁边可就少了些精彩。那儿有几张桌子，上面整齐地叠放着装满棕色液体的瓶子，其中一瓶免费提供给路人品尝。这种新的可可饮料味道并没有那么糟糕，人们还会再试喝一小杯，接着继续往前走，日后依然买自己平常喜欢买的饮料。在离开展台比较远的地方我们仍然能听到音乐大声地躁动着，因为无论商家售卖的是什么，这都是每场推销活动的基本组成部分。

　　为了吸引顾客进入自己的商店而不被隔壁商店抢去，店家用噪音取代优雅。而具体操作流程上，每个商家都依照一个标准执行，其中之一即是用上世纪的扩音器，虽然在播放时掺杂着噼里啪啦的噪声，但音量很大，这正是扩音器的功能。其二，是我称之为戴着麦克风的女孩，她戴着麦克风毫无感情地不停重复着某些话，这些话音和商店门前的扩音器里的声音混合在一起，一直能传到下一个街角。中国人通过这种方式售卖智能手机，儿童玩具和馒头等等几乎所有商品。 中国人显然可以做到忽略这些噪音，欧洲人却很快忍受不了这些噪音， 我们的耳朵根本就不习惯，所以很快就开始疼。 谁知道这种销售方式到底能不能提高销量呢？ 但又有谁知道商家在互联网上高价做广告是否就能卖的更多？

更有趣的是在缓慢行驶的列车中偶尔会有伪装成娱乐节目的销售。您一个人坐在位置上，舒服地看着窗外，听着维也纳华尔兹音乐，此时背后传来一个声音，这个声音出现在火车上十分奇怪。因为这显然不是乘客间交谈的声音。您转过身来，就会看到有个人站在过道里，穿着特殊的制服， 和旁边座位上的旅客说话。您再仔细观察，就会注意到他递给旅客们一些东西，有笔、毛绒动物或玩具等等。 他也会提一些问题，也许这是一个竞猜小游戏？这个人既是一名推销员也是一名喜剧演员，很擅长娱乐大众。掏钱出来买东西的旅客得到了另一个毫无意义的玩具，并可能获赠一个非常棒的礼物。整个销售情况越来越好，直到有乘客获得了最好的礼物，他买了很多东西，甚至订阅了一份根本用不上的报刊。最终，当篮子里所有小礼物销售一空时，售卖也随之结束，卖家获得了微薄的利润，而旅客们则在这场比较单调的旅程中玩得很开心，每个人都心满意足。

d. 理发 —— 在理发店

中国人喜欢理发也常去理发，因此这儿有无数的理发店。人们很少有固定的理发师，也很少有人理发前先预约。如果外国人在国内居住超过2个月，他们只能去中国理发店，也就是说因为时长的关系只能被迫去理发，除非他们想在旅途中留长发。在这种手艺店消费，语言即兴创作不是很安全，所以我也建议，最好在母语人士的帮助下用中文描述理想的发型或结果。或者您带上在德国最近一次满意的理发后拍摄的照片也非常有用。您向理发师展示照片，告诉他理完发后希望看起来与这张照片一样。

让我们进入这样一家理发店看看吧。第一眼您会觉得这里店员很多，但第二眼您就会意识到，这里的人员结构正好和德国相反，这么说吧，理发师和发型师几乎全部是男性，也都很年轻，女员工几乎都在收银台和门口接待处，甚至女性技师也少的多，女性理发师几乎没有。您刚一进门，店员们就大喊一声"欢迎，欢迎"，接着您会立即被请去洗头发。但是我建议您叫停这个标准流程，先在前台选择所需的服务。有趣的是，同样的发型有三种不同的价格，一些很特别的理发店甚至提供四五种。这是为什么呢？选择最便宜的价格会是经验最少的理发师为您服务，最高的价格则对应经验最丰富的理发师， 其他人介于两者之间。因此，客人预算不同，理发店提供的报价也不同。普通档位的收费比在德国要低得多，而最高档位和相应受欢迎的项目上的收费也可能要高得多。

迫于激烈的竞争，商家不得不采取五花八门引人眼球的营销措施。商店的设计可以是其中之一。目前的潮流是把店面装修成冷酷的风格， 用冷色调的蓝光，或完全相反，用明亮的色彩装饰。同样地，理发师的服装也要突出不寻常的时尚感。黑色西装和带帽檐的白色礼帽十分吸引眼球，或者穿一条破了十几个洞的旧牛仔裤，配上一个涂了一公斤发胶的冲天发型，这样的发型也影射了他们对盈利的期待。如果店里有足够的空间，他们还会在沙龙中间布置一个小舞台，让漂亮的女歌手现场演唱。

店员会为客人取下包包和外套，放入储物柜内，还为客人提供饮料和小吃以消磨等待时间，过了一会儿先去洗头发，我们会看到许多洗发躺椅连成一排。接下来，顾客向选定的理发师描述想要的发型。他们很少提示男顾客购买会员卡，但经常提示女顾客，办了会员卡后每做十次发型就有一次是免费的。这项优惠很少有人接受。 男顾客表明自己的想法后理发师就立即开始剪发了。而女顾客表达了她们的愿望后，理发师会立刻提出一些为她们着想的消费建议。"根据您是鹅蛋型脸，我真心地建议把您的秀发做一个微卷。"其他建议是把发色做一个微调，这样就能在一众单一的黑发中显得出挑。 我想在此做两点备注。"鹅蛋形脸"一词当然不是侮辱，而是极为奉承的词，这是人们最想听到的形容中国女性理想脸型的名词。 在发色这一点上我们也要注意，90％的韩国女人区别于中国女性和日本女性的地方在于，前者喜欢染浅色头发，从红色到不同深浅的棕色再到金色，而中国女人和日本女人几乎无一例外地留着黑发。这是辨认韩国人的一个明确线索。而区分中国女性与日本女性也很容易，但不是从发型和发色上。我们在本章解释这种差异并不合适，下次有机会我们再讨论吧。在理发师提出为了您好的建议被礼貌而坚定地拒绝后，理发开始了。中国理发师使用的工具与德国理发师使用的是同一种。他们工作细致、谨慎、快速。理完发后是第二次洗发，然后是最后一项。再次用剪刀微调发型后，用手指梳理头发，这一步感觉花了很长时间，直到头发最终成型，同时用大量的发胶和喷雾定型。 理发结束后德国理发师是如何向客人展示成果的？没错，用一面镜子。而在中国又是如何呢？没错，用智能手机拍几张照片。在中国理发店如何结账？ 毫无疑问用"微信"或"支付宝"。

如果外国人无意中走进一家理发店，最后不但拍了成果照，还拍了几张和理发师拍的自拍照。收银台的几位女士很喜欢凑过来一起拍照。

此外，50岁以下的中国女性走进理发店时没有提什么要求，她们通常只想将长直发剪短5厘米并打薄。但是，如果她们被说服烫卷发或本来就是带着这个想法进理发店，那么好几个小时都出不来了。这也是因为中国女性头发结构和物理性质与一般德国人的头发完全不同。如果简单的说，那就是中国女性的头发更多更厚。因此，把长发变成卷发要耗费更多时间。

大约五十岁时，中国女人会突然从长直发变成短发，往往是短的卷发。在某个时候，她们头上会出现第一根白头发，这在中国并没有那么不同。幸运的是， 中国美发师也是染色大师。因此，超过50岁的女性组成了一个要求更高更苛刻的客户群。但是还有要求更高的时候，针对某些非常特殊的场合，例如婚礼，客户要求理发师为她们设计一个精美的发型。此时发型师就要展示他们真正的技术了。在发型设计上，想象力没有限制，而价格也没有限制。走进理发店时女性顾客是一个人，离开时被设计成了一件玩偶，一件艺术品。她可以放心的是，周围朋友都会称赞这个新发型。

对于理发店的男顾客我没什么要说的。 "请把头发修一下，"这就是他们想要的。我认为在不久的未来情况依然不会改变。

6. 中国蹲

中国人与生俱来一种惊人的能力， 即长时间非常稳定地蹲着。这个基因历经了所有帝国王朝，并且在社会主义时代的几十年中也丝毫无损地保存了下来。

图片-47 蹲着的中国人

在很多场合下中国人都会使用这种深蹲技术，我们很快就会说到这一点。但首先应该了解如何完成一个中国式蹲。双脚打开至三个脚掌宽，脚尖略微向外打开，略呈一个V字形，双脚坚实地踩在地面上。现在将臀部沿着两腿间向下沉，直到离地约一个手掌宽为止。将肘部抵在大腿内侧和膝盖上方，双手折叠在身体中间。有些人也会将肘部放在膝盖上。中国人可以一直在这个位置上保持不动。如果有人想现在试试，我建议您先在两个脚后跟下放一本厚书，这无疑会有助于您保持稳定。如果您已经可以在一段时间内保持相当稳定地蹲着， 那么我支持您把书拿掉再试试。您立刻就能感受到不同。

是中式厕所促成了或迫使人们必须采用中国蹲，亦或是因为中国人有如此高超的下蹲技术，所以中式厕所才被建成一种特殊样式？没人能给出确凿的答案。无论如何，蹲着上厕所解决生理问题是一种巧妙的才能。为了那些没见过中国厕所的读者，我必须先说清楚中国厕所长什么样子，那是地上的一个长型椭圆开口，左右两边各有一个放脚的位置。中国人解大手既不是站着也不是坐着，而是蹲着。读到此处，亲爱的西方读者们请别担心，现在中国各地都已经修建了许多我们所熟知的厕所类型，甚至连日本高科技马桶的数量也在迅速扩大，所以您不必在旅行前专门练习中国蹲。其实我们有必要谈谈，男人和女人如何完成另一种形式的蹲下，正常下蹲时人们穿着完整，但上厕所时男人要先把裤子解下来，而女人也要把裙子撩起来，这种情况下他们如何能做到稳稳地蹲着，同时解决内急，并让衣物保持在地板上方一个安全的高度不掉下来，而且完事以后跟原来一样干净。遗憾的是，虽然现在仍有许多公共厕所是半开放的，但直到现在我还没有观察到这一点。我们知道中国人有这个能力就行了。

　　当人们在一个很长的队伍里排队等待时，此刻蹲下会轻松许多。为什么要费力站着呢？中国人从不问这个问题。他们会立刻选择下蹲的姿势。旁边一起等待的人也会这样做，蹲着的双方很快开始聊起来。当然，每个队列都还在移动，以及蹲着的人。如果移动的速度慢，他们还是继续蹲着，只是将脚向前挪几厘米，可以说是蹲着向前滑行。如果队伍向前移动得快一些，他们会立刻站起来，向前走5米后再次蹲下。我们在所有重大活动中都能清楚地看到这个现象。我第一次见到是在北京奥运会期间，紧接着是在上海世博会期间。在火车站我们能看到很多蹲着的人，在坐满了客人的餐馆门前也是如此，只有在机场还能看到只有很少的人蹲着或已经没有人那么做了。

也有中国人因为健康或其他原因没法蹲下或者不想蹲下，因此下蹲的替代品凳子就很受欢迎了。这些凳子很小，只有约20厘米高，由最简单的塑料制成，颜色鲜艳，非常轻便。所以我们会看到许多中国人总是带着凳子而不带包，或者除了手提包或公文包之外还带着凳子，一旦队伍走的太慢，他们就迅速放下凳子然后坐下。在许多小吃店，夜市，餐馆门前的等候区或牙科诊所，简而言之，在所有可能要排队的地方都有这些小凳子。当然，它在中国家庭中也很常见。如果家里没有足够的沙发，扶手椅和椅子给客人坐，那么主人就会递过来一个凳子。对于超过一米八的客人来说，这可能是一个真正的挑战。然而，中国人无论高矮都很容易掌握蹲下的技巧，有困难的更多是因为身体太胖，但目前来看很少有中国人受此影响。

7. 健身与快乐 —— 中国公园的景象

有余暇的中国人会去公园里，去城里的某个广场或某条很宽的步行道上。无论如何他们要出去，要么是因为他们不能在自己家中做想做的事情，要么是想与志同道合的朋友见面，要么是去呼吸新鲜空气（中国有新鲜空气？当然有，并非经常有，也并非到处都有，但是肯定有）。所以我们也去公园看看那里发生了什么。

德国人都知道，德国公园的草地是供人躺着休息的，有时也会在草地上玩球或跟狗玩，或者烤香肠和喝啤酒。中国的公园是供人进行各种体育和艺术活动的，可以组团亦可以独自一人，可以娱乐他人也可以关注自我。太阳的起落让园内的活动按照一张大致的时刻表进行。我们必须很早起床，因为在黎明时分，也就是上班之前，就已经有一些人在练习太极，气功或剑术了。有些人独自站在一棵树下，做着优雅而柔软的动作招式，完全沉浸在自己的世界里，还有一些人会加入某个团体，成员们定期在公园里碰面。那时总会有两三个经验丰富的成员，耐心地给大家解释动作的细节，也就是担任老师的角色。确实大多数晨练者都是已经退休的老年人，但说根本没有年轻人做这些运动可就不对了。

一些人穿上了刚洗过的舒适的功夫服。这让他们看起来十分优雅，仿佛有魔力吸引着围观者的眼球，其他人则穿着普通的日常服饰，而另一个群体给人感觉，似乎是穿着睡衣和家居服。这种感觉并不总是错的。晚间在城里散步时，人们也会经常碰到穿着睡衣出来的人。

图片-48 书法家

早晨的公园里也常常能看到一些跟体育没关系的活动，比如公园里的花卉写生，以水为墨在铺有石头或沥青的地面上挥毫练书法。

　　在接近中午和下午之间的时段，公园里变得更加安静了，但这只是午间休息，等天气稍微凉爽一些，这里又会被各种热闹的活动所占据。白天，尤其是阳光明媚，天气炎热的时候，中国人喜欢待在凉爽的公寓里。我们德国人寻找阳光，中国人则寻找阴凉，我们寻找温暖，他们则寻找凉爽。在这一点上，中国人和德国人有着本质的不同。

图片-49 让身体动起来——健身风潮

现在长长的午睡时间过去了，让我们回到公园。请抬头向上看，我们会看到天空中的盘旋着许多风筝，或形态狰狞或俏皮可爱，或形如军用喷气式战斗机，或是一张彩色脸谱，又或形如巨蛇。让我们顺着风筝线往下看，来到地面时我们就会看到一些成年男性熟练地操纵着他们的玩具，来回拉扯滚轮上的风筝线。偶尔也会有一些安装了小型发动机的风筝，在技术上远胜于那些纯靠风力的风筝。但真正的风筝高手自然会拒绝使用发动机的动力支持。观看的人必须小心走动，以免被那些很细的几乎看不见的风筝线缠住。抖空竹同样是一个被男性占据的游戏领域，这个游戏是通过迅速而响亮的甩动使空竹一直保持在运动中，一会儿向上抛，一会儿甩向旁侧，当然还得稳当地接住。即使在远处人们也能听到这个游戏的声音，因为玩的过程中会产生一阵阵低沉的嗡嗡声。

图片-50 下棋

不远处有一些健身器材，类似于德国20世纪70年代为推动休闲健身风潮而建的那种。人们在这些器材上可以做各种动作，伸展和力量练习。不管男人女人都可以练习，年长的男性还经常将汗衫卷起来，袒露圆润的肚子，既是向着太阳也是向着路人，这样在挥汗锻炼的同时就能享受凉爽的晚风。

公园里不仅有草地和沙地，常常还有木制的小寺庙，宝塔，传统房舍，池塘和拱桥。这些建筑由带屋檐的长廊所连接，长廊两侧分别有一排沿长廊而建的木质或石质座椅，这里为纸牌玩家提供了理想的场地。通常有4到5个男人和女人坐在这里打牌，他们用力地把牌甩到桌子上或地上，发出很大的声音，而且还因为牌的质量好坏而大呼小叫。前面提到的一些运动只有外国游客会好奇地驻足观看，但是有牌局时却还有很多当地人站着围观，偶尔惊叹，偶尔也会给建议。除了打牌之外，人们也很喜欢在这里下棋。下棋比较有挑战性，所以棋手们必须高度集中以屏蔽周边的噪音。

图片-51 打牌

继续往前几米，我们会听到清晰的乐声，这个音乐听起来有点奇怪，但也挺有趣的。好奇心驱使我们继续前进，一个男人出现了，他用口琴或弦乐器演奏乐曲给一位女士伴奏，女士声情并茂地演唱中国戏曲里的歌曲和桥段。我们立刻会注意到，他们不是为了观众而表演，只是乐于享受音乐表演和技巧。在下一个转角，我们遇到了类似的表演。但这里的艺术家们被许多崇拜者包围着，他们或是跟着哼唱，或者只是用掌声和喝彩表达对表演者的欣赏。没有人会反感这些音乐混在一起融为声音大杂烩，但对于外国人的耳朵却真是痛苦的折磨。一方面是因为从家里带来的音响声音质量太差，另一方面也因为中国古典戏曲的曲调在我们听来十分不和谐。由于这些艺术团体挨得

图片-52 园中音乐

很近，所以整体给人感　觉像一团浓稠的音乐浆糊。很快我们就会发现，哪些团体是偶然在这里表演，哪些团体已经一起表演了较长时间，同时在表演中还加入了精心设计的编舞。

园中另一处有一种更为安静和优雅的表演，一种类似于艺术体操的彩带舞。艺术家们将彩带挥舞成形态优雅的环状，在整个广场上轻盈地滑动着，眼睛却总是专注而优雅地望向彩带。她们毫不费力就能避免自己的彩带和其他女士的彩带缠绕打结。

图片-53 彩带舞

舞蹈也是最常见的休闲活动之一。人们伴着熟悉的维也纳华尔兹舞曲，探戈和狐步舞的节奏跳起经典的双人舞。音乐也是用他们自己带来的老式音响播放，所以听起来完全没有杜比音效的感觉，尽管如此，　舞者依然满怀着对音乐的热爱，在舞场里旋转。不少人穿上了漂亮的西装和长长的舞会礼服。您很快就会发

149

现，哪些舞伴每天晚上都到这儿来展示才能，但也有很多舞伴是偶然结对。通常一起跳舞的两人都是女性，因为男性数量太少，或者换句话说， 有舞蹈天才的男人会在此地度过一个多彩的夜晚，他可以跟好多女士共舞。

这里当然也不会缺少精心编排的群体舞。舞队一般是50到80人的团体，他们按照整齐的顺序分布在场地上。团队前面是领舞人，她来展示舞蹈的步骤，而所有人都在跟着她做。跳集体舞时要特别注意身体，头部和手部的姿势，因为这关乎整体的表现。观众可以随时加入队伍中，外国朋友尤其受欢迎，团员会极力表扬他们，把他们留在队伍里待更长时间。纵观公园整体活动与一些德国健身房的课程没有什么不同，但中国公园真的是一个比我们国内飘散着汗臭味的健身教室更理想的运动地点。爵士舞在中国越来越受欢迎，这是年轻女性的领域，她们穿着漂亮的衣服，画着浓妆，在透着绿光的大树底下舞动身姿。

在公园的另一处，气氛又再度安静下来。男人和女人在一起打麻将，但旁边下中国象棋的都是男人。麻将是中国各地都在玩的游戏，每次打麻将都要打好几个小时，所有玩家都聚精会神。玩家们都希望对方是高手，因此他们很少邀请不认识的中国人参加牌局，更别说从不邀请外国人了。只有在特殊情况下才允许某个玩家短暂休息，然后他们会迅速找到一个替补，只是3分钟后替补意识到，因为技艺不精，他下次最好还是远远地围观好了。

还有的人想用传统中医来保持健康。他们可能在公园的任何地方做一种简单的练习，就是握紧拳头或用一个小木槌先从上到下敲打身体，然后再倒回来。不是漫无目的地敲打，而是要非常精确地打中身体经络，经络就是将我们身体器官连接在一起的能量通道。如果能以合适的力度敲打正确的经脉，身体里的淤堵就能消除或防止出现淤堵。年轻人中很少有人做这种练习。但传统中医艺术本来就是老年人的领域。然而，如今政府正在努力开辟新的途径教授年轻人这门技术，以使其传承后世。

无论是哪个团体在享受哪些活动，我们都看不到酒精的踪迹，也没有人醉倒在草坪上。最晚约22点公园里就没有人了。树木，灌木和草地在休养生息，池塘里的金鱼享受着夜晚的静谧，直到第二天日出时分第一波太极大师再次现身。

8. 古物还是新物 —— 真迹还是仿制？

在中国，总有人把所有新制的东西称为古物，伪造的被当作真迹出售！这是我们对中国的刻板印象之一，一遍又一遍在耳畔回转。也许很多产品的确如此，但这可能跟游客扯上关系吗？没错，有关系，因为我们作为游客来到这儿，我们的所见所闻是真实的还是伪造的，并非无所谓。这当然包括旅游景点本身，也包括让我们赞赏甚至于可能购买的消费品。

许多中国地名都带有"古城"两字，通常还会补充上"联合国教科文组织世界遗产"这个修饰词。 但这些地方真的很古老吗？如果是的，那它们有多古老，哪些部分是古老的？我不想从字母A到Z挨个列举每一处，但我想谈谈它们的特点。首先，"古城"意味整个城市的景观很古老，体现在房屋、街道、广场和城墙上。房屋通常是木制的，所以整条街上都是木制房屋，古城里有保存完整的城墙，塔楼，历史悠久的供水系统等诸如此类。房屋高一层或两层，街道比较狭窄，有鹅卵石铺面，两旁有小溪流过。中国古代官员的宅子有宽敞的庭院，老树浓荫，溪流潺潺，游鱼戏水。古城里很多地方都有小型寺庙和宝塔。如果您看到这一切，这便说明您在"古城"里了，或者也可能不是。而以下情况则让我们更加难以辨别，如我们所知，中国生活着许多少数民族，每个民族都拥有自己的文化、语言、服饰和建筑。这意味着我们也可能看到大得多的房屋，由石头建成，但该处确是一个古迹。我们有没有可能区分真迹和仿制品，也就是原创和模仿古迹的新物呢？专家肯定可以，但外行就很难了，因为中国人可以复制品做得非常像真品。现在有许多地方获得了"联合国教科文组织世界遗产"的官方头衔。在这里，您可以确定自己位于一个真

正的古迹，因为只有经过前期大量的官方考证才会被成功授予此
称号。

　　木屋的特点是易燃，因此很多旧城被大火摧毁了，今天看起
来却与几百年前一模一样。在遭受破坏之后人们在旧址上认真地
重现古迹原貌，力求还原每一处细节，但它们不再是真正的历
史。中国人是真正的能工巧匠，能让新建或重建的地方展现出原
始风貌，您一定难以分辨孰真孰假。好吧，尽管如此，您不要纠
结在一定要知道，您现在正走过的街道究竟是已有400年历史，

图片-54　古城

或者其实是20年前从瓦砾中完全重建的。您就好好享受当下，漫
步穿梭于小巷中吧。重要的不是这些东西多古老，而是我们有机
会了解中国人在早期王朝时期的生活方式。
　　通常，中国人和外国人想进入"古城"都必须买门票，价格
却高得惊人。此外，60岁以上的老年人可以享受很大的价格优
惠，这也适用于外国人，如果他们能证明自己符合条件。门票的
高收入用于保护古迹，得到了合理的使用。尽管设有这样高的费

用门槛，那些真正的古迹却总是人满为患，以至于人们想静静地欣赏每个建筑的细节之处都很难。一波又一波新的游客群涌向前来，推挤着前面的人潮继续向前。如果是我，就不会去参观每一个古城，但其中一两个应该出现在旅行计划中。最理想情况是去到不同的地理和民族区域，比如一个在山里的，一个在水边的，因为这样您才能体验完全不同的特色。所有的古迹都有相同之处，那就是巷子里的商店像项链一样串在一起，仿佛永无尽头，在店里您可以买到带回家的纪念品或送人的礼物。这些商品都是价格高昂，但质量较低。那些特别有名气"古城"，也就是在标准旅行指南中被吹捧"绝对必看"的景点，已经变成了充满浓浓商业气息之地，这是相当令人厌恶和可怕的。糟糕的餐饮，昂贵的酒吧像珍珠项链般串在一起，里外充斥着大声刺耳的现场音乐表演，此外还有那些被吹捧的游览项目，游客在每一处被缠着要消费。有一些地方逐渐坏了名声，以至于被北京的中央政府下了最后通牒，要求几个月内结束此类做法，还游客们一个公平的旅游环境。

图片-55 - 杭州西湖秀

无论是原始古城还是仿制的古城都会提供各式表演。传统舞蹈和音乐表演以及古老的茶道表演都是最受欢迎的项目。当然，这里有许多表演也不是真的传统，我们外国人自然很难分辨真假。但的确有一些线索可以区分这些表演的优劣，是否真实或原创。如果您参加了一日游被载去看一项演出，而在演出场地前停着一排旅游大巴，那么这极少可能是一场真正的传统文化表演，但如果您是当场极为少数的外国游客之一，此外有很多当地人聚集在此，我指的不是普通中国人，而是生活在当地的居民，那么这场表演肯定是地道的。

您是否也关注过2016年杭州G20峰会？值此盛会，与会者被邀请观看西湖上的大型演出。这场令人惊叹的表演讲述了中国旧时朝代的生活故事，故事里有公主，农民，儿女情长和家庭乐趣。表演形式为歌曲，舞蹈和杂技，融合在一个灯光和激光交织的奇幻场景里，这一切都由各位本土艺术家呈现在若隐若现的可移动水上舞台上。在许多历史悠久的地方也有此类供国内外游客欣赏的演出。导演几乎都是同一个人，他也是2008年奥运会开幕式的总导演。一位非常勤奋的艺术家，也曾制作或导演了许多著名的中国电影。人们是否喜欢这样的节目，如何评价它们，这取决于个人品味。但它们确实达到了观赏性和艺术性的最高水准，同时我们也能通过这些场合看看，中国人究竟用多少掌声来表达对艺术家的赞赏，结果是很稀疏。但这并不意味着他们不喜欢这个表演，这只是说明了，直到幕布最后一次打开之前，中国人不会站起来鼓掌喝彩。他们只鼓掌一次然后离场。在德国则不然，精彩的演出结束，观众起立鼓掌，帷幕落下又升起，如此可以反复六次，七次，八次之多。这类表演很值得您去看一次。舞台上的一切可能只是一种幻境，但绝对是值得体验的经历。

您将漫步或被人推挤着穿过古城，您将看到房屋，庭院，城墙和花园，细细欣赏商店橱窗里的商品，或者也买些东西，您的耳朵会不断受到噪音的骚扰，所有这些经历都是相似的，无论这个地方是真古迹还是后人的复制品。但您也有机会亲自感受这些地方的神奇之处，例如某天凌晨3点起床去散步。此时商店都关着门，展品藏在木门后面，万籁俱静，只听到哗哗不安的溪流声。金红色的微光让鹅卵石散发出温柔的光泽。您在这个时候很少会碰到人。这一刻，您用所有感官体验着中国"古城"的魔力。而它是真是假已然无所谓。

游客们总喜欢买一些独特的纪念品带回家，而在历史遗迹就能买到各种各样的纪念品。在大多数纪念品商店，您拿在手中的廉价商品有多少历史性其实并不重要。但涉及到真正昂贵的商品，比如银或玉，真的或假的中药材，那么您得是行家才能揭露那些真正的奸商。

如今高品质的西方奢侈品已经很少被仿造了，不仅因为中国顾客轻易能识别这些假冒品，还因为他们不缺钱，只要真货。虽然这些正品通常在中国生产，但价格却比德国卖的要高许多。如果有人卖给您的品牌服装，品牌鞋，化妆品或智能手机比德国的便宜，那它有可能就是假货。

中国人非常偏爱德国品牌汽车，因此所有的汽车厂商都与中国大型汽车制造商建立了合资公司，生产的品牌车销路很好。令人惊讶的是，仍有一些较小的中国汽车制造商公然仿造某些车型，因为这样的车也有市场。山寨版试图在视觉上尽可能接近原版，但懂行的人看得越近，就能越清楚地看到差异。前照灯的形状略有不同，散热器隔栅稍宽，最主要的是能看出技术上的缺陷。比如车顶上的宽胶条，掩盖了质量一般的焊缝，车身每个部位的平度很差，或油箱盖上有色差等。当然，这款车的名字不能是保时捷或路虎，所以制造商会起一个类似的名字，比如路虎的山寨版叫做"陆风"。

图片-56 医美整形广告

中国女性，特别是年轻女性，她们漂亮，苗条，时尚，对自己的身体不满意。一个完整的产业就此发展起来，它能把一个美丽的女人变成一个非常美丽的女人。商家大张旗鼓地做广告，但我们欧洲人却很难看懂这些宣传海报。例如在一张海报上，一边画着一个很大的草莓，表面凹凸不平，而另一边则画着一个番茄，猩红色的表皮很细腻，如镜面般光滑。

在另一张海报上，我们看到左边画着一个长满小绒毛的猕猴桃，右边则是一个新鲜的鸡蛋，白净而光滑，宛如婴孩的臀部。现在您应该很清楚这些海报在宣传什么了。左侧是现实，毫不留情面，让人难以接受，而在右侧，人们看到了经过整形师的巧手后可能达到的效果。

让我们从头顶开始吧。将近三十岁时，第一次有几条白发混杂在厚厚的黑发下。女人们不但会把它拔掉，还会让新的黑发再次出现在同一个地方。额头上的皱纹绝对不能接受，要把它们填充起来，所以中国女人额头是完美无瑕的光滑表面。眼睛下方的情况则不同，大多数中国女性的眼部下方甚至没有一丝皱纹，这是人为创造的效果。此外，眉毛和睫毛也可以修整。接着我们来到中国面部手术的中心区域，鼻子。这可能是身体部位整形最多之一。让嘴唇变得更丰满，填充凹陷的脸颊，甚至颈部也要进行手术，如果那里的皮肤太松弛了。 圆润的下巴无论如何都要磨尖。手臂继续保持原样就可以了，但接受丰胸整形的人数可能与鼻部整形持平。大多数人对自己平坦腹部非常满意，但扁平的臀部又是一个缺点，所以这里也要变丰满。最后，即使是火烈鸟般的大腿也不很理想，但相应的也有治疗措施。现在旁观者真的遇到难题了。男人们很困惑，不知刚经过身旁的女性是天然的还是整过的。当他们与这些"艺术品"发展一段亲密关系时，可能发现多少细小的伤疤？她们的人工美能持续多久？另一方面，女性旁观者却想知道，是哪位艺术家创造了擦身而过的这位美女。

女人们经历了这些手术后是否还需要美化？ 答案竟然是需要，此时摄影工作室开始发挥作用了。即使是被外科医生改造得很完美的女性总还想变得更美。因此，从前只要女性们花一点钱就能马上拍出一版四张照片的小像馆早已被市场淘汰。它们被专业摄影工作室所取代，这些摄影工作室用高级相机和修图软件创造出了一个个艳冠群芳的最美女人。女人们都想来这里拍照，因此需要提前预约。在正式拍照前，会有工作人员为客人精心化妆和做发型，接着摄影师为客人拍摄几十张照片， 选出最好的三张，用专业的修图软件细致地编辑直到呈现最完美的样子。所有女性朋友看到这些照片都会很开心地赞赏，而潜在的雇主们，看了简历照片后再见到真人的那一刻，所有男性与女网友在网络上互生情愫后相约见面的那一刻，很快就发现自己被骗了。但也许那些被伪造得很完美的中国女性也不想再以真面目示人。

您的所见、所触、所听，到底是真实存在还是幻觉？这个问题既不是新问题，也不是中国人独有的疑惑。希腊哲学家皮浪（Pyrroh）早已怀疑人类的眼睛和耳朵是否真的能够识别事物的本质。柏拉图讲过一个故事，与几位自出生就在洞穴中生活的囚犯有关，故事中提到，如果人只有一个观察视角，那么他就无法感知现实。中国哲学家庄子也思考过感知的问题。他梦见自己是一只蝴蝶，无忧无虑，充满幸福。当他醒来时，他不确定自己是否（再次）是人类，只是刚才梦见自己变成一只蝴蝶，亦或是他原本就是一只曾经梦到过自己成为人类的蝴蝶。

中国人是幻觉大师。我们可以想破脑袋去证明真伪，为了回德国后对别人说我们对中国的固有偏见是有理有据的，或者我们可以好好享受在这里的所见所闻，无论是现实还是幻觉。您做一个决定吧。

D.政治体制与游客

最初我的想法是，在本书末尾简要概述中国的历史和当前的政治制度。但即使只是泛泛而谈，也可能产生一个很长的章节。因此，我建议对此感兴趣的读者去阅读已出版的相关书籍。尽管如此，我还是要谈及"政治制度"这个话题，说明它会如何呈现于外国旅行者眼前。

一些年长的读者可能去过曾经的社会主义和共产主义国家如苏联，民主德国或罗马尼亚等地旅行，而且还记忆犹新。我想在本章伊始就对这些读者，以及可能读过相关故事的读者说：请您放下任何比较，因为在中国，不会发生任何一件像您在那些国家经历过的事情。

您第一次"遇见"中国，是在递交签证申请时。更具体地说，您"遇见"的是一个负责签证事宜的服务中心。如果您事先了解过签证规则，并按要求带齐必要的几个文件前往服务中心，那么此次来访不会超过3到5分钟。而对于想要赴德旅行的中国人来说，申请签证的过程更为繁琐耗时。他们必须向德国领事馆提交大量文件，整个过程耗费大量时间。为什么会这样？我找不到合理的解释。

接下来就是在飞机上的"遇见"，飞机抵达前不久，您要填写一个入境表格。了解美国入境程序的读者肯定会惊讶于中国的表格竟然这么小。您要填入个人信息，包括第一晚住宿地点，航班号和回程日期。就只有这些。

接着我们来到了中国机场的入境处。您会感到惊喜的。一切进行得非常迅速，每人在窗口办理手续最多一分钟。入境海关很友善，大厅很明亮，入境窗口很透明，没有什么让人想起苏联，没有什么让人想起美国机场。从美国机场出来后，当您还在队伍里等着过海关，或被一位不友好的海关人员不停问询时，从中国机场出来的外国旅客，早就住进酒店舒服地洗澡了。

外国人入境卡
ARRIVAL CARD

请交边防检查官员查验
For Immigration clearance

姓 Family name	名 Given names
国籍 Nationality	护照号码 Passport No.
在华住址 Intended Address in China	男 □ Male 女 □ Female
出生日期 Date of birth 年Year 月Month 日Day	入境事由(只能填写一项) Purpose of visit (one only)
签证号码 Visa No.	会议/商务 Conference/Business □ 访问 Visit □ 观光/休闲 Sightseeing/in leisure □
签证签发地 Place of Visa Issuance	探亲访友 Visiting friends or relatives □ 就业 Employment □ 学习 Study □
航班号/船名/车次 Flight No./Ship's name/Tran No.	返回常住地 Return home □ 定居 Settle down □ 其他 others □

以上申明真实准确。
I hereby declare that the statement given above is true and accurate.

签名 Signature

图片-57 入境表格

现在您已经在中国的土地上了，您可以做任何想做的事情（只有去西藏旅游有几点需要注意的特殊规则）。您可以住进任意一家心仪的酒店，除了少数不适合外国人的，这里的不适合主要是因为没那么舒适，与政治无关。您抵达酒店后，工作人员会第一时间复印您的护照。这些复印件是否以某种方式转交给政府机构，我不得而知，但也无关紧要。可以肯定的是，您不必去警察局做正式登记，这有别于曾经东方阵营下的社会主义国家。您可以随心所欲地在全国各地旅行，完全不会有政府和警察机构来干扰您。申请旅游签证时，您必须在签证申请中简要概述行程计

161

划，列出您要去的所有地点和计划逗留的时间。但是您来到这个国家后实际做了什么和去了哪里，可以完全不同于规划。您的规划和实际行程并不会完全一致。

在特殊的日子里，例如国庆节或春节，对每个人而言国家的存在感都如此强烈，表现在每根灯柱上装点的小红旗和大红旗。它们一夜之间遍布街头巷尾，但在人们眼里，它们既不是政治的象征，也不是中国唯一救世主共产党的标志，只是街道的装饰品和一个特殊日子的象征罢了。

您常常会看见警察，在重要的场所还有武警。警察偶尔会在地铁站里查身份证或收缴非法商人的货物。这个过程执行得很迅速，丝毫不容妥协，看热闹的游客甚至不知道发生了什么。武警们看起来非常年轻，脸庞稚嫩如孩童。他们既不可怕也不危险。他们在某个地方站岗， 远不及伦敦白金汉宫的守卫那样纹丝不动，有时也会来回齐步行进。如果您感兴趣，可以留意一下年轻女孩是以何种崇拜的目光看着她的战士们。

东欧国家在共产主义年代的特点是物质匮乏，商店里一无所有，灰色街道索然无味，衣服也是单调无趣，没有任何色彩。所有这些在中国都不存在，恰恰相反，这里物质丰盈，生活充满了生气，还有您可以想象到的色彩最丰富的服饰。

您偶尔会遇见小型的示威活动。但不是通常那种针对人权和民主的示威，而是针对引起示威者个人不满的日常问题。有一次我在长沙看到一位男士大发雷霆，原因是中国邮政用了五天时间才把他的信寄到对方手里。所以他在两块板上表达自己的不满，把它们挂在自己身上，站在一个四车道的大马路中间，就在当地邮局的门前。不仅没有人把他从那里赶走，不，甚至连邮局员工也好奇地跑出来看看是什么让这个好好先生如此生气。一个小时后，他主动离开了马路。

如果您愿意，可以和中国朋友甚至是陌生人谈论政治，他们会坦诚地说出自己的观点，　在社交媒体上也可以表达同样的观点。您也可以谈论美国或欧洲的政治，相信您会对交谈对象的博学感到惊讶。

图片-58 校园里

　　在大学校园里有许多象征和代表知识的人物的画像或雕塑，以此表达中国人对他们的崇拜和敬仰。您很少看到毛泽东或者邓小平，反而更多是歌德，托尔斯泰，爱因斯坦或亚里士多德。他们激励着中国大学生追求良好人文教育。中国的中学生和大学生学习了非常多关于德国，英国或法国的文学，哲学，绘画，音乐甚至科学知识。共产党并没有阻止这件事，相反地，它在鼓励学校这样做。如果您和中国的高中毕业生谈论德国古典音乐，也就是莫扎特，贝多芬等，您会发现他们懂得很可能比德国同一阶段的高中生要更多，甚至毕业十年后他们还拥有这些知识。在这一点上，我们应该提一个问题：如今德国的学校里老师教授了哪些有关中国的内容呢？

中国政府为60多岁的老人提供了许多便利政策，其中一个就是购买景区门票时享受很高的优惠。即使您是外国游客也能从中获益，所以请您务必随身携带护照。

说到护照。这份文件很重要。不管是买票，进火车站，还是办理酒店入住以及在其他许多场合，您都需要出示护照。当然背后是政府的决议。许多人说，每个游客和当地人都不应该对国家有所隐瞒。其他人倾向于认为这是出于安全性的考虑。与往常一样， 您作为旅行者不会感到来自中国权力机关的任何威胁或限制。您在汉堡，罗马或维也纳旅游时如何言行举止，请在中国也继续保持。

与中国体制的最后一次接触正是您离开之时。您是怎么从德国到中国的，就怎么从中国到德国。唯一的区别就是签证页旁盖的印不同。

用一句话来概括，中国政府不会以任何方式搅和，阻碍甚至禁止您在中国期间的行程。

E. 文化比较 —— 熟语

图片-59 中国文化的象征

因为一个巧合我发现了，我们德国人常用来阐明和描述文化—历史背景中常见现象的一些短语不仅在中国有其对应说法，而且两者间相似度非常高的例子并不少见。面对两国在历史和文化上如此的不相同，人们其实并不期待会存在这种类型的相似性。因此，让我们来看看其中的某些例子，当然，我的选择纯粹出于巧合，不具代表性，当然也算不上一种跨文化的科学释义。我唯一的目的，是用一种您至今未知的现象来给您解解闷，让您对中国再好奇一些。

当然，这些熟语本身是真实存在的，可查阅的，并且流传甚广，然而对它们的解释完全出自本人浅薄的分析。

关于以下出现的中文熟语，我首先写的是中文文字表达，然后是这个熟语的中文意译。

范例一：关于迫切性

德语："你今天能做的事情不要拖延到明天。"

中文："今日事今日毕 = 今天的事情应该今天完成。"

此处我们看到了中德两个版本极高的相似。两个熟语都是关于尽早处理一件事情和完成一件事情。

德语版本显然突出的是可支配时间。也就是说，如果人们今天有足够的时间，也许还有相应的能力，那么就应该去完成这件事情，无论是否是急事。一件做完的事情显然是一件好事。

而这个熟语的中文版本则在细微之处包含了另一个意义，因为它首先关注的是紧迫性。今天的事情就是那些与今天相关的事情，所以人们必须得完成它，而不仅仅是因为今天刚好有时间做这个事情。另一方面，这个熟语也说明了，中国人应该花时间，且必须花时间完成这件事情，因为这件事很重要，不能拖延。也许这也解释了为什么中国人会立刻同意加班，老板只需说明，眼前这件事确实非常重要和紧迫。

范例二：关于婚约

德语："订婚意味着牢牢抓住这一个并寻找更好的一个。"

中文："骑驴找马 = 骑着驴，找着马。"

初看中德两种版本有一种惊人的相似性。显然，订婚肯定不意味着选择人生伴侣这件事已尘埃落定。很明显双方仍有机会找到更合适的另一半。在两种文化中，之所以要用一句熟语来说明订婚的重要性是因为存在订婚的事实。

德国版本则显示了典型的轻微粗暴行径，要把未婚夫牢牢控制在手里，因此剥夺他寻找一位更好伴侣的机会。人们可以说，这不公平，但这位控制者自己也吃亏了，因为她在忙于看住未婚夫的同时又如何能继续寻找更好的呢？总的来说，通过这种行为似乎无法达到她所希望的结果。

中国人的表达方式显然是说，订婚双方都有机会等来一匹良驹。双方在这件事情上表现都要积极，也就是说，即便骑的是驴子，那也先骑着走，但显然不用着急，悠然前行即可。但这里所指并非主动去寻找马，而是指虽然骑着驴，但同时也只是在等待马的出现。这匹马可能会来也可能不来。在现实生活中，虽然中国人认为马的价值比驴的更高，它更强壮，更友好，更优雅，可能也更美丽，但驴也具备了各种积极的品质，所以不应该花很长时间等一匹马。因此两只驴子结婚是很常见，出现几率很高的事件。如果婚姻有一天破裂了（这个可能性无法排除），那么双方可以再次寄希望于找到一匹马。然而，以上最后一句解释并不包含在这句谚语的本意中。

范例三：关于付出和收获

德语："一拍子打两只苍蝇。"

中文："一石二鸟 = 一块石头，两只鸟。"

除了在表达中选择的具体词汇不同之外，显然两个文化圈都提出了一种需求，即用少量行动取得尽可能多的成果。

德语版本中选择的苍蝇形象也许是巧合，它实在不是一个重要的象征，不能代表一个伟大的目标。另外，苍蝇拍用来代表行动也无法引起人们心绪澎湃。我只能说，也许整个谚语都是基于一个童话故事，说的是一个小裁缝如何让巨人们害怕他（德国童话"勇敢的小裁缝"），故事中的他虽然用有所选择的文字误导了巨人们，但至少还是深深地震撼了他们。

正如我们之前经常遇到的情况一样，为了了解某句话的背景知识，我们很有必要去读读中国历史。"一石二鸟"中的这只鸟可有着特殊的意义。首先，凤凰是皇后的象征。但这句成语似乎并不指向凤凰。如果我们想一想黑乌鸦，那么会获得更多信息。黑乌鸦代表苦难，痛苦，不幸和死亡。因此，没有人想让乌鸦出现在身边，他们想用石块投掷驱赶乌鸦。用一颗石头击中两只乌鸦，这是一个人们努力争取的目标。如今人们普遍使用这句话表达用很少的努力就达到目标这个含义，这并不令人费解。

范例四：关于没有麻烦的生活

德语："如果您没有任何麻烦，请为自己寻找一些。"

中文："没事找事 ＝ 如果没有事情做，请找一些来做。"
同样在中德两个熟语的表达上，我们看到了惊人的相似性，都与焦躁不安和无法满足有关。

德国版本中明确使用了"麻烦"这个词，针对的是那些根本无法心满意足，无忧无虑的人，他们总得让自己纠结于消极和痛苦的事情，并且抓住每个机会寻找这些事情。因此，具有这些特质的人总在不安地徘徊，直到他们下一个大麻烦，然后可怜兮兮地向周围人诉说自己如何饱受折磨。

中文单词"事"具有更广泛的含义， 因此不仅针对麻烦问题。它可以指一个非常笼统的事情概念，既可以是麻烦事，也可以是完全不一样的事情，比如工作，比如无聊时参加个活动，再比如为了最后成功实现自立门户而构思一个出色的商业理念等。无论如何，这个熟语里强调的是人们要去寻找这件事情。

范例五：关于顺境、逆境和共同利益

德语："无论健康还是疾病，无论富有还是贫穷，都要爱和尊重你的妻子（丈夫）。"

中文："有福同享有难同当 ＝ 一起经历幸福，也要一起克服困难。"

乍看之下两种文化间的差异并不明显。尽管如此，两种说法在一些细节之处仍能够体现出两种文化各自的特点。两种见解本质上是完全相同的，也就是说，人们不仅应该一起享受美好的天气，而且在狂风暴雨席卷之时也必须为了彼此坚守在一起。

在德语版本中，这句话是在迈入婚姻殿堂时给予双方的嘱咐，可以说这是夫妻双方两个人的事情。

但中国人这句熟语究竟是针对谁而言，这个问题仍然不明确，但由于家庭在中国人的共同生活中发挥着至关重要的作用，所以这句话当然会涉及到一个更大的群体。这远远超出了（外）祖父母，父母，孩子三代家庭核心成员，还包括了阿姨（姑姑），叔叔（舅舅），侄子侄女（外甥外甥女）等。生活的现实每天都显示出这句熟语的生命力。如果一个大家庭的某位成员病得很重，那么完全有可能是三姨来支付治疗费用，如果有人丢了工作，那么所有亲戚都会帮着找一份新工作。如果其中一位小辈到了婚嫁年龄，那么整个家族都会铺开他们的关系网为他/她寻找对象。

范例六：关于抗争

德语："如果想找到源头，就必须逆流而上。"

中文："逆水行舟不进则退 = 逆着水流行驶的船只，必须不停前进，否则就会后退。"

我们又一次看到了两国熟语非常清晰的一致性。在中国和西方两个世界里，停滞都被视为一种运动，是一种向后的运动。

德语版本仅突出了熟语中的行为主体。这个行为主体必须向前进。熟语中没有提到外部阻力。因此是否前进和抵达目的地完全取决于个人的积极性。这句话旨在将源头作为目标，因为在那里，也只有在那里人们才有机会领悟真谛。但这句话还告诉人们，不随大众随波逐流，从而形成自己独特的个性。

中文的版本则赋予了人们更多演绎的空间，因为句中将前进路上的阻碍放在了核心位置：逆流。为了不被水流冲回去，人们要逆流而上。所以，人们不仅要克服自己内心的胆怯和懒惰，还要克服阻力。这句熟语可以追溯到几千年前。归根结底它告诉人们，人要不断地改善自己，要不断地变完美，但这需要大量的不懈努力。

范例七：关于远近亲疏

德语："附近的朋友比远处的兄弟好。"

中文："远亲不如近邻 = 远方的血亲，不如近旁的邻居那么好。"

即使我绞尽脑汁，发挥最大的想象力，也无法找出这两句熟语的差异，两者的措辞和句子结构是如此一致。这两个熟语都说的是，在日常生活中，无关乎哪种互动方式，如果有个实实在在的人在身边，每当需要他时，他可以帮助和支持我们，可以随时和我们说说话，我们随时都能找到他，这是多么有利的事情。如果我们的家庭成员住得很远，根本见不着面，那么即使中国人有家庭观念也无济于事。由于中国幅员辽阔以及人口流动性大，所以中国家庭中许多成员天各一方早已成为现实。虽然相比于这句熟语诞生的年代，如今的中国人可以通过现代通讯手段更多地为家里人提供帮助（从这一点来看，这句熟语的适用性有所降低），但对于那些平日里的小乐趣和生活中的忧虑，比如打麻将，比如在公园里合唱，或者家里出了点小状况，我们都需要实实在在的人在身边，所以我们需要好邻居。

范例八：关于第一步

德语："即使是一千英里的旅程也从第一步开始。"

中文："千里之行始于足下 = 一千公里的旅程，从跨出的第一步开始。"

虽然从德国到中国的路途超过了一千英里，但是这句无法再做任何不同解释的熟语，却仍然最适合用来结束本章，由此也带我们进入本书的终篇。

F. 末言

本章的标题毫无疑问地表明，您可以将此书放下了。当然，我还可以再写三百页来谈我对中国的印象，但无论如何都不可能有一本书能完完整整地讲述中国，因而我现在用一个句点来结束我的写作足矣。

也许读完此书您觉得无聊，但这样一来您也许读不到这最后一页上的这些文字。也许读完此书您心情愉快。也许通过此书您了解了一些之前从未知晓的事情，这对我而言，付出辛劳已是值得。也许读完此书您更坚定了要来亲眼看看这个中国世界，那么写作我对另一个世界的印象此书的初心也已达成。也许我会与我的读者们和中国旅行者们聊一聊，也许我会再写一本书，或者写一篇博客，又或是在我个人网页上补充一些视听材料以丰富我的文字。无论后续如何，本书都是第一步。

对于所有即将前往中国的读者们而言，所有这些带"可能"两字的句子都不重要。于各位而言有一件事是肯定的，您肯定会带着震撼的感受回国，当 - 且仅当 - 您不带偏见地踏上旅程，并且在这个国家，永远不要以"我们国家要好得多…"这样的前缀来评价自己的所见所闻。中国在等着您，也在等着我，因为我还远远没有触及中国的每一片灵魂。

让我们相约在"中华大地"！

关于作者

    Manfred Görk（古曼德）先生游览了五大洲的几十个国家，他对生活充满了好奇，好奇心驱使着他去探寻世界各地与家乡德国有何不同。

    2008年他第一次来到中国，从此他就无法忘记这个国家。在接下来的几年里，他走遍了中国，并记录下了他的旅行点滴，其中一部分已经通过YouTube视频发布。现在，通过写作"印象中国 - 一个德国旅行者的观察"一书，他以文字的形式为读者们呈现印象浩海中的一部分。

    您可以通过邮箱landdermitte@gmx.net与作者联系。

关于翻译

　　本书译者唐卓娅女士毕业于北京外国语大学德语语言文学专业，期间留学于德国海德堡大学政治经济系，毕业后在北京从事德语教学工作，自十年前接触这门语言开始，她就和德国结下了不解之缘，一次偶然的机会她在德国与本书作者结成了语伴和好友，因此当作者提出寻找一位译者时，她欣然地接受了此书的翻译工作，在本书的翻译过程中，她真切感受到了作者对于中国文化的尊重和喜爱，于她而言，无论阅读还是翻译都是一种享受，她期待读者们和她一样，能在此书中遇见一个熟悉又陌生的中国。